Alfred Läpple

Das Kreuz

Alfred Läpple

Das Kreuz

Zeichen des Widerspruchs und des Heils

Pattloch

Vorhergehende Seite:
Gekreuzigter Christus
Ausschnitt aus einem Meßgewand –
Stickerei von Helen Laschinski
(Besitz: A. L.)

Bildnachweis:
Numberger Hans Günther, München (S. 2, 63, 106)
Buch-Kunstverlag Ettal (S. 13, 58)
Lurz-Verlag München (S. 22)
Delphin Verlag, München (S. 46, 47, 50, 51, 52, 65)
Badenia Verlag, Karlsruhe (S. 66, 76, 77, 96)
Tyrolia-Verlag, Innsbruck (S. 75, 81)
Meitinger Franz, Donauwörth (S. 93)
Herder, Freiburg (S. 102, 103, 109, 110, 111, 125)
Otto Müller Verlag, Salzburg (S. 104)
Vandenhoeck & Ruprecht, Göttingen (S. 105)
Schnell & Steiner, München–Zürich (S. 116, 117, 118)
Propyläen Verlag, Berlin (S. 128) und
Archiv Pattloch Verlag, Aschaffenburg.

1983

Graphische Gestaltung: Hans Numberger, München
Reproduktion: Chemiegraphia Gebr. Czech, München
Druck und Einband: Carl Ueberreuter, Druck und Verlag,
M. Salzer Aktiengesellschaft, A-2100 Korneuburg
ISBN 3-557-91239-6 (broschierte Ausgabe)
ISBN 3-557-91238-8 (gebundene Ausgabe)

Inhalt

Papst Johannes Paul II.

Die erste Ankündigung des »Heiligen Jahres der Erlösung« hat Papst Johannes Paul II. in seiner Ansprache zum Abschluß der Vollversammlung des Kardinalskollegiums am 26. November 1982 ausgesprochen (veröffentlicht im L'Osservatore Romano. Wochenausgabe in deutscher Sprache, Nr. 49 vom 3. Dezember 1982).

»... Im Jahre 1933 beging mein Vorgänger seligen Andenkens Pius XI. durch ein außerordentliches Heiliges Jahr feierlich die Wiederkehr der Erlösung vor 1900 Jahren; im kommenden Jahr werden es 1950 Jahre sein. Obwohl es bisher nicht üblich war, ein dazwischenliegendes Heiliges Jahr zu feiern, gibt es starke Gründe dafür, dieses Gedenken 50 Jahre danach auch 1983 in entsprechender Weise zu begehen; an erster Stelle steht die außerordentliche Bedeutung des Ereignisses selbst, das die Herzen der Menschen zu immer größerer Liebe und Verehrung für das Heilswerk Christi, des ›Erlösers des Menschen‹, das er durch das österliche Geheimnis seines Leidens, seines Todes und seiner Auferstehung vollbracht hat, anleiten soll. Dann steht die nächste Bischofssynode bevor, bei der über Versöhnung und Buße in der Sendung der Kirche gesprochen wird: das Heilige Jahr wird sicher nachdrücklich und lebhaft dazu beitragen, daß dieses Thema tiefer empfunden und die Gedanken und Gefühle der Menschen unserer Zeit eindringlicher auf das Sakrament gelenkt werden, das Christus eingesetzt hat, um jedem einzelnen Menschen die Schätze seiner durch sein Blut erwirkten Erlösung zuteil werden zu lassen: ›Denn um einen teuren Preis seid ihr erkauft worden‹ (1 Kor 6, 20), ›nicht um einen vergänglichen Preis, nicht um Silber oder Gold..., sondern mit dem kostbaren Blut Christi‹ (1 Petr 1, 19–20). Nicht zuletzt aber soll das Jubeljahr der Erlösung auch dazu beitragen, das Heilige Jahr 2000 in angemessener Weise vorzubereiten.

In Anbetracht all dieser Gründe und entsprechend verschiedener Bitten, die hierzu eingegangen sind, schien es daher angebracht, für das Jahr 1983 ein ›Heiliges Jahr der Erlösung‹ anzusetzen, das in der kommenden Fastenzeit beginnen soll.

Wir bitten den Herrn, daß die Feier einen kräftigen Impuls zur geistlichen Erneuerung in allen Bereichen der Kirche mit sich bringe. Ich bin voller Zuversicht, daß eine entsprechende und richtige Vorbereitung des Heiligen Jahres diese Initiative möglichst fruchtbar machen wird.«

In seiner Weihnachtsansprache an die Kardinäle und alle Mitarbeiter der Römischen Kurie am 23. Dezember 1982 hat Papst Johannes Paul II. auf die verschiedenen Aspekte und Anliegen des »Heiligen Jahres der Erlösung« hingewiesen, das am 25. März 1983 beginnt und am 22. April 1984 seinen feierlichen Abschluß findet (veröffentlicht im L'Osservatore Romano. Wochenausgabe in deutscher Sprache, Nr. 1 vom 7. Januar 1983).

»... Ich möchte euch mein Herz öffnen und euch – wie auch die ganze Kirche mit euch – wissen lassen, was meine Absichten sind, mit einem Wort, wie ich Bedeutung und Wert dieses Heiligen Jahres sehe ...«

Das Geheimnis der Erlösung an der Schwelle des dritten Jahrtausends

»Vor allem ist jener Aspekt hervorzuheben, der jeden anspricht, der auf das hört, was ›der Geist den Gemeinden sagt‹ (Off 2,29): die besondere Funktion, die dieses Gnadenjahr hat zwischen dem Heiligen Jahr 1975 und dem, das im Jahr 2000 an der Schwelle des dritten Jahrtausends gefeiert wird, dem großen Heiligen Jahr. Unser Heiliges Jahr ist also ein Jubiläum des Übergangs zwischen diesen beiden Daten. Es ist wie eine Brücke in die Zukunft, die von den außerordentlichen Erfahrungen ausgeht, die alle vor acht Jahren gemacht haben. Damals hat ja Paul VI. seligen Andenkens alle Gläubigen aufgerufen, die eigene ›geistliche Erneuerung in Christus und Versöhnung mit Gott‹ zu erfahren.

Das Jubiläum der Erlösung also: wenn jedes Heilige Jahr allgemein eine neue Vertiefung in das Geheimnis der Erlösung vorschlägt und dieses in Glaube und Buße neu erleben läßt; wenn die Kirche sogar ständig der Erlösung gedenkt, nicht nur in jedem Jahr, sondern an jedem Sonntag, an jedem Tag, in jedem Augenblick ihres Lebens, weil sie in der Feier der Sakramente völlig in das erhabene und einzigartige Geschenk der Liebe, die uns Gott in Christus, dem Erlöser, entgegenbringt, eintaucht, dann ist das kommende Jubiläum ein gewöhnliches Jahr, das in außergewöhnlicher Weise gefeiert wird. Der Erwerb der Erlösungsgnade, gewöhnlich innerhalb der Struktur der Kirche und durch diese erfahren, wird außergewöhnlich durch das Besondere der angekündigten Feier. So, im Kairós der Geschichte, die wir miterleben, gesehen, wird das Jubiläum zu einer Herausforderung an den Menschen, den Gläubigen von heute, das Geheimnis der Erlösung tiefer zu begreifen und sich durch die außergewöhnliche Anziehungskraft dieses Jubiläums zur Erlösung hinführen zu lassen. Ihre Wirklichkeit begegnet uns ständig in der Kirche als Institution, und wir müssen sie uns als Charisma in der Stunde der Gnade zu eigen machen, die der Herr für jeden Menschen auf den Höhepunkten christlicher Erfahrung anbrechen läßt. Es handelt sich um eine zentrale geistliche Bewegung, die von nun an in der ganzen Kirche gefördert und vorbereitet werden muß ...«

Wiederentdeckung der erlösenden Liebe Jesu Christi

»Das kommende Jubiläum will die Feier der Erlösung ›bewußt machen‹, die in der ganzen Kirche unaufhörlich in Erinnerung gebracht und gelebt wird. Seine besondere Zielsetzung ist der Aufruf zu einer vertieften Reflexion des Erlösungsgeheimnisses und seiner konkreten Anwendung im Bußsakrament.

Daher ist sein Gehalt schon aus der Formulierung klar: Jahr der Erlösung. Der ganze Reichtum des Christusgeheimnisses und die ganze Dringlichkeit des Aufrufs im Evangelium ist im Wort ›Erlösung‹ beschlossen. Das

*Papst Johannes Paul II. ▷
mit dem Hirtenstab des Petrusnachfolgers*

Erlösungsereignis hat in der Heilsgeschichte zentrale Bedeutung, und alles läßt sich in den Satz zusammenfassen: Christus ist gekommen, uns zu erlösen. Er ist der Erlöser des Menschen, ›Redemptor hominis‹. Für den Menschen, der nach Wahrheit, Gerechtigkeit, Glück, Schönheit und Güte sucht, ohne sie aus eigener Kraft finden zu können, und der unbefriedigt bleibt von den Angeboten der heutigen immanentistischen und materialistischen Ideologien, der sich daher in den Abgrund der Verzweiflung und Langeweile geworfen sieht oder sich selber lähmt im unfruchtbaren, selbstzerstörerischen Sinnengenuß, für den Menschen, der in Geist und Herz das Bild Gottes in sich trägt und daher den Durst nach dem Absoluten spürt, ist Christus die einzige Antwort. Christus kommt dem Menschen entgegen, um ihn aus der Sklaverei der Sünde zu befreien und ihm die anfängliche Würde zurückzugeben.

Die Erlösung umfaßt das ganze Geheimnis Christi und bildet das Grundgeheimnis des christlichen Glaubens, das Geheimnis eines Gottes, der Liebe ist und sich als Liebe geoffenbart hat in der Hingabe seines Sohnes als Opfer, als ›Sühne für unsere Sünden‹ (1 Joh 4,8–10)...

Das Jahr der Erlösung bietet daher Gelegenheit zur Wiedergewinnung dieser tröstlichen und verwandelnden Wahrheiten, und es wird Aufgabe der Seelenhirten sein, aber auch der theologischen Spekulation, der Pastoral und der Verkündigung, die Botschaft vom Heil so weit wie möglich zu verbreiten, in der das Wesen des Evangeliums beschlossen ist: Christus ist der einzige Erlöser, ›in keinem anderen ist das Heil zu finden. Denn es ist uns Menschen kein anderer Name unter dem Himmel gegeben, durch den wir gerettet werden sollen‹ (Apg 4,12).«

Das Elend des Menschen begegnet dem Erbarmen Gottes

»Die objektive Wirklichkeit des Erlösungsgeheimnisses muß zur subjektiven Wirklichkeit aller Gläubigen werden, um konkret wirksam zu sein in der geschichtlichen Situation des Menschen, der in der Zeit des ausgehenden zweiten Jahrtausends nach Christus lebt, leidet und arbeitet.

Bei diesem Jubiläum, das dem Elend des Menschen das Erbarmen Gottes nahebringen möchte, muß der Wunsch nach der Gnade sich neu entzünden, muß das Bemühen der Gewissen ausgeprägter werden, sich auch subjektiv das Geschenk der Erlösung zu eigen machen, jene Liebe, die vom gekreuzigten und auferstandenen Christus kommt. Das Heilige Jahr ist damit ein Aufruf zur Buße und zur Umkehr als notwendiger Voraussetzung für die Teilhabe an der Gnade der Erlösung. Der Mensch kann sich nicht von seinen Sünden freikaufen, er muß erlöst werden, indem er die vom Erlöser erwirkte Vergebung annimmt. Wir wollen daher das Geheimnis der Erlösung leben, indem wir uns anregen lassen von den erhabenen Wirklichkeiten, die das Leitmotiv meiner ersten Enzyklika sind: Christus, der Erlöser des Menschen; Christus, der den Vater in seinem reichen Erbarmen offenbart. Auch die Feier der Synode wird das Verständnis dieser unschätzbaren Gabe erleichtern und die Herzen bereiten, sich die Erlösung subjektiv zueigen zu machen: sie durch Buße und Versöhnung zu erfahren, d.h. im Sieg über das sittlich Böse, in der Rückkehr zu Gott, in der Umkehr...

Man muß den Sinn für die Sünde wiederentdecken, dessen Verlust mit dem radikaleren und verborgeneren Verlust des Sinnes für Gott zusammenhängt. Das Sakrament der Buße ist das Sakrament der Versöhnung mit Gott, wo das Elend des Menschen dem Erbarmen Gottes begegnet, das in Christus, dem Erlöser, und in der Vollmacht der Kirche personifiziert

Kreuzigung Christi
von Albrecht Altdorfer (um 1480–1538) aus dem Passionsaltar des Augustiner-Chorherrnstifts St. Florian (um 1510)

ist. Das Sündenbekenntnis ist eine praktische Anwendung des Glaubens an die Erlösung.

Das Bußsakrament wird daher, durch das Jubiläum, als Zeugnis für den Glauben an die dynamische Heiligkeit der Kirche empfohlen, die aus Sündern Heilige macht; als Forderung der kirchlichen Gemeinschaft, die durch jede Sünde immer als ganze verwundet wird, auch wenn diese persönlich begangen wurde, als Reinigung im Hinblick auf die Eucharistie und tröstliches Zeichen jener Heilsökonomie, durch die der Mensch in direkten und persönlichen Kontakt mit Christus tritt, der für ihn gestorben und auferstanden ist: ›der mich geliebt und sich für mich hingegeben hat‹ (Gal 2,20).«

Solidarität mit der leidenden Menschheit

»Da ist aber noch eine weitere Bedeutung des Jubiläums der Erlösung. Wir leben in einer Welt, die leidet: so viele Menschen, unsere Brüder und Schwestern, haben ein trauriges Erbe: Ängste und Schmerzen, die niemanden gleichgültig lassen können. Nun hat das Leid seine theologische und anthropologische Wurzel im Geheimnis der Sünde, und deshalb ist es ein konstitutives Element der Erlösung durch Christus. Es gibt nichts in der Welt, das dem Leid des Menschen mehr gerecht wird, als das Kreuz Christi. Christus hat seine Passion auf sich genommen, indem er sich mit der Sünde der Welt belud: ›Gott hat den, der keine Sünde kannte, für uns zur Sünde gemacht, damit wir in ihm Gerechtigkeit Gottes würden‹ (2 Kor 5,21). Das Zweite Vatikanische Konzil hat die dramatischen Gegensätze und Zerreißproben herausgestellt, die den Menschen von heute so aushöhlen mit den Rätseln und Herausforderungen, vor die sich seine Vernunft und seine Gefühle gestellt sehen; es hat in Christus, dem neuen Menschen, in seinem Kreuz und seiner Auferstehung die einzige Antwort auf die dramatischen Fragen des Menschen nach dem Leid und dem Tod gezeigt (vgl. Gaudium et spes, Nr. 22).

Die Erlösung öffnet uns das herrliche Buch unserer Solidarität mit dem leidenden Christus, und in Ihm führt sie uns in das Geheimnis unserer Solidarität mit den leidenden Brüdern und Schwestern ein. Das Jubiläum der Erlösung aber läßt uns noch inniger im Geist der ›Gemeinschaft der Heiligen‹ leben. Die Leiden der Menschen sind gemeinsames Erbe aller: jeder muß seinen persönlichen Beitrag zur Erlösung leisten, die zwar ein für allemal geschehen ist, aber diese geheimnisvolle Ergänzung, dieses Aufopfern der gewaltigen Last der Leiden und Schmerzen der Menschheit braucht: ›Ich ergänze in meinem irdischen Leben das, was an den Leiden Christi noch fehlt, für den Leib Christi, die Kirche‹ (Kol 1,24)...

Heute spürt man diese Solidarität im Leid sehr. Unter den Christen läßt sich eine ausgeprägte Liebe zueinander und über die Grenzen der Kirche hinaus feststellen. Man nimmt die Verantwortung für die Leidenden in Formen wahr, die früher nicht so deutlich waren. Das Jubiläum, das vor der Tür steht, macht daher eine weitere Bereicherung dieser Sensibilität möglich, die echter ›sensus Ecclesiae‹ ist im wachsenden Bewußtsein für diese Solidarität, für das ›Ich ergänze‹.«

Dienst an der Einheit der Christen

»Ich vertraue fest darauf, daß auch unsere Brüder und Schwestern, die nicht in voller Gemeinschaft mit der katholischen Kirche stehen, die in der Feier des Jubiläums liegenden Werte voll verstehen und daher mit neuer Hoffnung und Liebe zur Kirche darauf schauen.

Das Jubiläum ist ein großer Dienst für die Sache des Ökumenismus. Wenn wir die Erlösung feiern, betreten wir ein Feld jenseits historischer Mißverständnisse und zufälliger Kon-

Bild Jesu Christi
Ausschnitt aus dem Kupferstich (10 cm × 13,7 cm) »Das Schweißtuch der heiligen Veronika« von Albrecht Dürer (1513)

troversen und befinden uns auf dem gemeinsamen Boden unseres Christseins, d.h. Erlöstseins. Die Erlösung eint uns alle in der einen Liebe zu Christus, dem Gekreuzigten und Auferstandenen. Dies vor allem ist die wertvollste Bedeutung, die im Licht der ökumenischen Bemühungen dem kommenden Jubiläum beizumessen ist.

Es gibt aber noch einen weiteren Grund, der uns Hoffnung für diese Verschmelzung der Herzen macht: der Geist des Gebetes und der Buße, der die Feiern des Jubiläums prägt, muß zu jener Umkehr der Herzen führen, die die Konzilsväter als wesentliche Vorbedingung für die Herstellung der Einheit in der Kirche bezeichnet haben: ›Es gibt keinen echten Ökumenismus – sagt des Konzilsdokument – ohne innere Bekehrung. Denn aus dem Neuwerden des Geistes, aus der Selbstverleugnung und aus dem freien Strömen der Liebe erwächst und reift das Verlangen nach der Einheit. Deshalb müssen wir vom göttlichen Geist die Gnade aufrichtiger Selbstverleugnung, der Demut und des geduldigen Dienstes sowie der brüderlichen Herzensgüte zueinander erflehen‹ (*Unitatis redintegratio,* Nr. 7).

Ich richte daher schon jetzt einen herzlichen Appell an alle Verantwortlichen und Mitglieder der anderen Kirchen und kirchlichen Gemeinschaften, damit sie die Feier des Jahres der Erlösung mit ihrem Gebet begleiten, mit ihrem Glauben an Christus, den Erlöser, mit ihrer Liebe, die mit uns zusammen zu einem immer tieferen Verlangen wird, das Gebet Jesu vor seinem erlösenden Leiden zu verwirklichen: ›Alle sollen eins sein‹ (*Joh* 17,21).«

Weltweite Katechese über die Erlösung durch Jesus Christus

»Zum Schluß möchte ich, daß das Jubiläum in allen Ortskirchen zu einer allgemeinen Katechese wird, zu einer ausgedehnten Evangelisierung über die Wirklichkeit der Erlösung: Christus führt den Menschen zum Heil durch seine am Kreuz hingeopferte Liebe. Der Mensch läßt sich von Christus zum Heil führen. Das ist eine Aufforderung, das Geheimnis des Heils besser zu verstehen und es in der Praxis des sakramentalen Lebens zu vertiefen.

Bei dieser Aktion, die uns zu Christus führt, um uns in ihm den Vater wiederfinden zu lassen, ist auch das verborgene und richtunggebende Wirken des Heiligen Geistes herauszustellen und zu immer vollerer Verfügbarkeit sowie zum Verlaß auf seine Gaben einzuladen, damit das Heilswerk, bei dem er direkt eingreift, in jedem Gläubigen Wirklichkeit werde. So wird das erste und grundlegende Ziel des Jubiläums erreicht, das vor allem eine innere und geistliche Erbauung des Menschen bezweckt, aber eben deswegen auch zur tätigen Liebe unter den Völkern beiträgt.«

Der marianische Charakter des Heiligen Jahres der Erlösung

»Ich vertraue dieses Programm von Anfang an der Fürbitte der Jungfrau Maria an. Sie ist der Höhepunkt der Erlösung. Sie ist unauflöslich mit diesem Werk verbunden als Mutter des Erlösers und als erhabenste Frucht der Erlösung. Ist sie doch die ›Ersterlöste‹, erlöst nämlich im Hinblick auf die Verdienste Christi, der Sohn Gottes und ihr Sohn ist.

Die Kirche wird noch inniger auf sie schauen müssen, die in sich das Bild verkörpert, das die Kirche selbst zu sein erhofft und

Kreuznagelung
aus dem »Passionsaltar« (um 1394) des Meisters Betram von Minden (1340–1414)
Niedersächsische Landesgalerie, Hannover

erwartet: ›herrlich, ohne Flecken, Falten oder andere Fehler; heilig und makellos‹ (*Eph* 5,27).

Das Jubiläum der Erlösung gewinnt damit auch einen tiefen marianischen Charakter: das Zusammentreffen seiner Feier mit der Erwartung des dritten Jahrtausends läßt jene Adventshaltung verstehen, die in der ganzen Heilsgeschichte die Gegenwart Mariens auszeichnet. Sie geht als ›Morgenstern‹ Christus voran und bereitet ihn vor, sie nimmt ihn in sich auf und schenkt ihn der Welt. Wir glauben und wissen sie auch bei der Vorbereitung des Jubiläums gegenwärtig, um unsere Herzen auf das große Ereignis vorzubereiten.«

Gekreuzigter Christus mit Dornenkrone: Teilsicht eines von Fra Innocenzo da Parma (1637) holzgeschnitzten Kreuzes in San Damiano/Assisi

Öffnet die Türen dem Erlöser!

In der Verkündigungsbulle des Jubiläumsjahres aus Anlaß der 1950-Jahrfeier der Erlösung vom 6. Januar 1983 hat sich Papst Johannes Paul II. an alle Gläubigen der katholischen Kirche gewandt. Er hat sie aufgerufen und eingeladen, in ihren Heimatdiözesen und Heimatpfarreien oder auch bei einer Pilgerfahrt nach Rom durch Buße und Bekehrung und durch Werke der Barmherzigkeit den Gnaden des Heiligen Jahres sich und die Kirche zu öffnen: »Öffnet die Türen dem Erlöser!« (veröffentlicht in L'Osservatore Romano. Wochenausgabe in deutscher Sprache, Nr. 4 vom 28. Januar 1983).

»›Öffnet die Türen dem Erlöser!‹. Diesen Appell richte ich für das Jubiläumsjahr der Erlösung an die ganze Kirche...

Die gesamte Kirche, von den Bischöfen bis zu den kleinsten und einfachsten unter den Gläubigen, fühlt den Ruf, in diesem letzten Abschnitt des zwanzigsten Jahrhunderts seit der Erlösung in einem erneuerten und vertieften Adventsgeist zu leben, der sie für das schon nahe dritte Jahrtausend bereitet. Sie fühlt den Ruf zur gleichen Gesinnung, mit welcher die Jungfrau Maria die Geburt des Herrn in der Schwachheit unserer Menschennatur erwartet hat. Wie Maria bei der Morgenröte der Erlösung der Kirche in Glaube und Liebe voranging, so gehe sie ihr heute voran, da diese mit dem Jubiläumsjahr den Weg ins nächste Jahrtausend der Erlösung beginnt...

Die ganze Kirche muß also versuchen, sich wie Maria mit ungeteilter Liebe ihrem Herrn Jesus Christus zuzuwenden; sie muß in Lehre und Leben bezeugen, daß wir getrennt von ihm nichts tun können, weil in keinem anderen das Heil zu finden ist. Wie Maria in der Annahme der göttlichen Botschaft Mutter Jesu wurde und sich im Dienst am Geheimnis der Erlösung ganz der Person und dem Werk ihres

O Haupt, voll Blut und Wunden …

Sohnes weihte, so muß die Kirche heute und immer verkünden, daß sie unter den Menschen nichts anderes wisse als Jesus, den Gekreuzigten, der für uns zur Weisheit, zur Gerechtigkeit, Heiligung und Erlösung wurde.

Mit diesem Zeugnis für Christus, den Erlöser, kann auch die Kirche wie Maria die Flamme einer neuen Hoffnung für die ganze Welt entzünden...

Die Feier dieses Ereignisses will vor allem ein Aufruf zu Reue und Umkehr sein, die die notwendigen inneren Voraussetzungen dafür sind, um an der Gnade der von ihm gewirkten Erlösung teilzunehmen und so in den einzelnen Gläubigen, den Familien, Pfarrgemeinden, Diözesen, den religiösen Gemeinschaften und in den anderen Zentren des christlichen und apostolischen Lebens zu einer geistigen Erneuerung zu gelangen...

Ich lade meine Brüder im Bischofsamt, die Priester, Ordensleute und alle Gläubigen von Herzen dazu ein, dieses Jahr der Gnade mit großem Eifer zu feiern.

Ich bitte die heiligste Jungfrau Maria, die Mutter des Erlösers und Mutter der Kirche, auf daß sie für uns eintrete und uns die Gnade einer fruchtbaren Feier des Jubiläumsjahres, 20 Jahre nach dem II. Vatikanischen Konzil, erlange und noch einmal der ganzen Kirche, vielmehr der ganzen Menschheit, jenen Jesus zeige, der die gebenedeite Frucht ihres Leibes und der Erlöser aller ist. Ihren Händen und ihrem mütterlichen Herzen empfehle ich das gute Gelingen dieser Jubiläumsfeier.

Ich wünsche, daß dieses Schreiben in der ganzen Kirche volle Geltung habe und zur Ausführung gelange ungeachtet jeglicher entgegengesetzter Bestimmung.

Gegeben zu Rom, bei Sankt Peter, am Fest der Erscheinung des Herrn, dem 6. Januar des Jahres 1983, im fünften des Pontifikates.

ICH, JOHANNES PAUL,
Bischof der katholischen Kirche.«

Der Weg Jesu zum Kreuz

Über Jesus von Nazaret sprechen, heißt, vor allem von seiner Kreuzigung und von seiner Auferstehung sprechen:

»Deinen Tod, o Herr, verkünden wir und deine Auferstehung preisen wir, bis du kommst in Herrlichkeit.«

Jesus Christus, der menschgewordene Sohn Gottes, wurde in eine Zeit hineingeboren, die im Licht der Geschichte steht und daher greifbar und nachprüfbar ist: »Und das Wort ist Fleisch geworden und hat unter uns gewohnt« (Joh 1,14). Leben und Wirken Jesu lassen sich aufgrund der biblischen wie auch aufgrund der außerbiblischen Dokumente in eine ganz bestimmte Epoche der jüdischen und der römischen Geschichte einordnen. Die Verknüpfung der Geschichte des Volkes Israel mit der Geschichte Roms ergab sich dadurch, daß Palästina im Jahre 63 v. Chr. durch den römischen Feldherrn Pompejus in das Römische Reich eingegliedert wurde.

Bereits die Geburts- und Kindheitsgeschichte Jesu, wie sie im Matthäus-Evangelium (Mt 1,1–2,23) und im Lukas-Evangelium (Lk 1,5–2,52) aufgezeichnet ist, läßt über das spätere Leben Jesu aufhorchen. Angesichts der dort berichteten Ereignisse und Aussagen stellt man sich unwillkürlich die Frage: Wie wird es mit Jesus weitergehen? Wann gelingt es den Widersachern, Jesus mundtot zu machen und aus dem Weg zu räumen?

Über das in Betlehem geborene Kind sagt Simeon im Tempel von Jerusalem, es sei bestimmt zum »Zeichen des Widerspruchs« (Lk 2,34). An Jesus werden sich die Geister scheiden. Jesus selbst sagt später von seiner

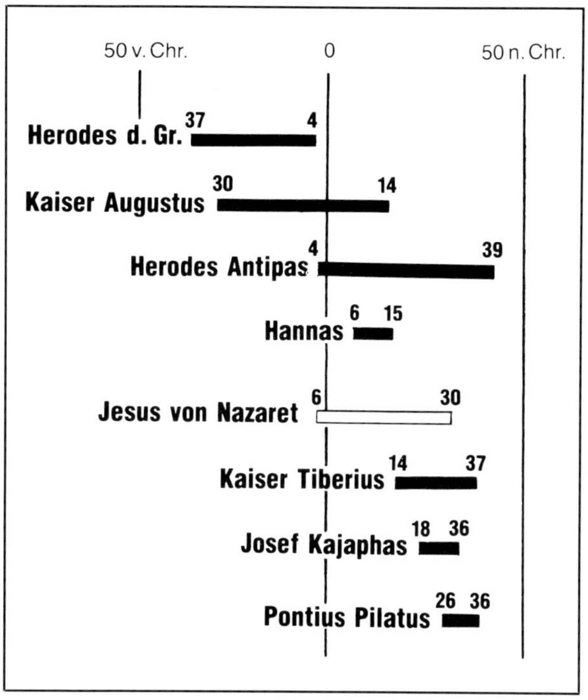

Gnäus Magnus Pompejus (106–48 v. Chr.), römischer Feldherr, Büste um 50 v. Chr.

Tiberius-Denar
die silberne, reichseinheitliche Steuermünze (vgl. Mk 12, 13–17), geprägt in der Reichsmünzstätte Lyon, zeigt auf der Vorderseite das Brustbild des Kaisers Claudius Nero Tiberius (14–37 n. Chr.) mit der Inschrift TI CAESAR DIVI AVG F AUGUSTUS (Tiberius Caesar Divi Augusti Filius Augustus = Kaiser Tiberius, der anbetungswürdige Sohn des Augustus).

Person und seiner Botschaft: »Ich bin nicht gekommen, den Frieden zu bringen, sondern das Schwert. Denn ich bin gekommen, den Sohn mit seinem Vater zu entzweien, die Tochter mit ihrer Mutter, die Schwiegertochter mit ihrer Schwiegermutter« (Mt 10,34–35).

Herodes, dem König von Roms Gnaden, gelang es zwar nicht, Jesus zu töten (Mt 2,16–18). Was ihm nicht glückte, wird etwa drei Jahrzehnte später blutige Wirklichkeit.

Jesus von Nazaret – ein Revolutionär?

In jüngster Zeit hat man wiederholt die Frage aufgeworfen, wie Jesus sich selbst gesehen und wie er das Echo auf seine Botschaft bewertet hat. Spätestens seit dem Tod des Täufers Johannes im Jahre 29 n. Chr. (Mt 14,12 f.) konnte es sich Jesus aus menschlichen Gründen ausrechnen, daß er in das offene Messer seiner Kritiker und Gegner rennen wird, wenn er mit der gleichen Unerbittlichkeit wie der Täufer Johannes die Wahrheit und das Reich Gottes verkündet. Auch bei den Zuhörern Jesu hat es eine kritische Situation der Scheidung der Geister gegeben, die als »galiläische Krise« im unmittelbaren Anschluß an die wunderbare Brotvermehrung bezeichnet wird. »Seit dieser Zeit zogen sich viele seiner Jünger zurück und wandelten nicht mehr mit ihm. Da fragte Jesus die Zwölf: »Wollt auch ihr gehen?« (Joh 6,66–67).

War Jesus in seinem Auftreten und in seiner Predigttätigkeit unklug, undiplomatisch?

Eine andere Deutung Jesu hat in den vergangenen Jahren Aufsehen erregt: Jesus als politischer Revolutionär und Anführer einer antirömischen Untergrundbewegung! Man sollte wenigstens in aller Kürze sich informieren, was etwa Joel Carmichael (Leben und Tod des Jesus von Nazareth. München 1965,

*Kaiser Augustus (63 v.–14 n. Chr.), Adoptivsohn des Julius Cäsar:
Sogenannte Panzerstatue (gefunden 1863); der Panzer ist mit Bildern aus dem Sieg über die Parther geschmückt. Der Eros mit dem Delphin zu Füßen des Kaisers bezieht sich auf die Ableitung des Julischen Kaiserhauses von der griechischen Göttin Aphrodite (Vatikanische Museen, Rom)*

149) über die politischen Ziele Jesu seinen erstaunten Zeitgenossen vorsetzen zu können glaubte: »Jesus muß über eine bewaffnete Streitmacht verfügt haben, die stark genug war, das ausgedehnte Gebäude (des Tempels) zu besetzen und es einige Zeit zu halten, wie aus seinem Hinweis zu entnehmen ist, daß er ›täglich‹ im Tempel ›gelehrt‹ habe, in seiner Antwort an seine Häscher, als er ihnen vorwirft, daß sie gekommen seien, um ihn mit Waffengewalt gefangen zu nehmen (Mk 14, 49 und Parallelen). Darüber hinaus muß er eine Streitmacht besessen haben, die stark genug war, um dem Widerstand nicht nur der römischen Truppen oder der Tempelpolizei allein zu begegnen, sondern vermutlich auch den vielen tausenden sonstigen Juden, die zweifellos keine Sympathie hatten für den anmaßenden Galiläer (wenn wir den Berichten über die Feindseligkeit des jüdischen Mobs nach der Verurteilung Jesu Glauben schenken wollen). In einem Wort, um Bewaffnete zu überwältigen, mußten die Anhänger Jesu bewaffnet gewesen sein.«

Nach dem jüdischen Schriftsteller Schalom Ben-Chorin (Bruder Jesus. Der Nazarener in jüdischer Sicht. München 1970, 27) ist Jesus »ein tragisch Scheiternder ... ein tragisch Irrender, dessen Augen aus Liebe zu Israel geblendet wurden«.

Pontius Pilatus, römischer Statthalter in Palästina (26–36 n. Chr.): erstes archäologisches Zeugnis für Pontius Pilatus (Kalksteinblock 80 cm hoch, 60 cm breit, 20 cm dick), gefunden 1961 von Dr. A. Frova, mit der dreizeiligen Inschrift:

...S TIBERIUM
...(PON)TIUS PILATUS
...(PRAEFE)CTUS JUDA(EA)E

Es handelt sich um ein Gebäude, das Pontius Pilatus zu Ehren des Kaisers Tiberius in Caesarea am Meer errichten ließ (siehe Karte Seite 48).

Kreuzigung Jesu:
der Holzschnitt aus dem sogenannten Plenarium (Urach 1481) zeigt neben Maria und Johannes die Symbole der vier Evangelisten: Adler (Johannes) – Engel/Mensch (Mätthäus) – Stier (Lukas) – Löwe (Markus)

Die Kreuzigung Jesu in den Evangelien

Den vier Evangelien des Neuen Testaments merkt man es heute noch an, daß sie gleichsam »von rückwärts« her gewachsen sind. Nicht die Geburt Jesu stand zu allererst im Mittelpunkt der apostolischen Verkündigung, sondern sein Leiden und Sterben. Der Gekreuzigte war

»für Juden ein empörendes Ärgernis, für Heiden eine Torheit« (1 Kor 1,23).

Leben und Wirken Jesu sind als »Vor-Geschichte« geschrieben, die immer wieder den Blick zur Kreuzigung öffnet. Ohne die Kreuzigung Jesu bliebe jede Biographie Jesu ein Fragment, eine Teilaussage, die nicht den Mut hat, das schreckliche Ende Jesu zu berichten. In den Evangelien sind gleichsam Schneisen geschlagen, die auf den Gekreuzigten schauen lassen. Sie sollen den gläubigen Christen immer wieder erinnern, daß man den verkündenden und Wunder wirkenden Jesus nicht ohne das Kreuz und daß man wiederum das Kreuz nicht ohne die Auferstehung Jesu haben kann.

Wer erinnert sich nicht an die Leidensweissagungen, die in fast monotonem Wortlaut dreimal in den Evangelien nach Markus, Matthäus und Lukas zu hören sind:

Erste Leidensweissagung:
Mk 8,31 = Mt 16,21 = Lk 9,22;
Zweite Leidensweissagung:
Mk 9,31 = Mt 17,22–23 = Lk 9,44;
Dritte Leidensweissagung:
Mk 10,33–34 = Mt 20,17–19 = Lk 18,31–34.

Das ganze Leben Jesu, wie es in den Evangelien aufgezeichnet ist, ist transparent, durchsichtig. Leben und Kreuzestod Jesu werden bewußt miteinander verbunden. Gleichzeitig wird das Leben Jesu für den Kreuzestod Jesu, wie auch umgekehrt der Kreuzestod Jesu für das Leben Jesu zum unersetzlichen, sinnerhellenden Kommentar.

Auffallend und viel zu wenig beachtet ist die Argumentation, die in den Leidensweissagungen Jesu zu entdecken ist. Ist die Kreuzigung Jesu nur eine Entscheidung der irdischen Justiz? Siegte die politische Macht und Intrige gegen den allmächtig-ohnmächtigen Sohn Gottes? Oder gibt es einen verborgenen Heilsplan Gottes, in den auch das blutrünstige Schauspiel der Kreuzigung des menschgewordenen Gottessohnes eingefügt ist? Daß menschliches Tun verwoben ist mit den Heilsplänen und den Verheißungen Gottes, wird klar ausgesprochen: »Es wird alles in Erfüllung gehen, was die Propheten über den Menschensohn geschrieben haben« (Lk 18,31). Ausgerechnet und nur der Kreuzestod ist das Ziel- und Erfüllungsereignis einer Vielzahl alttestamentlich-messianischer Prophezeiungen.

Noch kühner auf die Verwirklichung der göttlichen Pläne zielt die Aussage ab: »Der Menschensohn muß viel leiden« (Lk 9,22; Mk 8,31; Mt 16,21). Das Kreuz kommt nicht überraschend auf Jesus zu. Es gehört zu seinem Selbstverständnis, zu seinem Leben, zu seinem Auftrag. Mit immer größerer Kühnheit und Bereitschaft hat sich Jesus dem Willen und der Liebe seines göttlichen Vaters anvertraut, um in der letzten Zusammenfassung seines Lebens noch die Furchtbarkeit der »Gottesfinsternis« zu erleben und zu erleiden: »Mein Gott, mein Gott, warum hast du mich verlassen?« (Mk 15,34; Mt 27,44 = Ps 22,2).

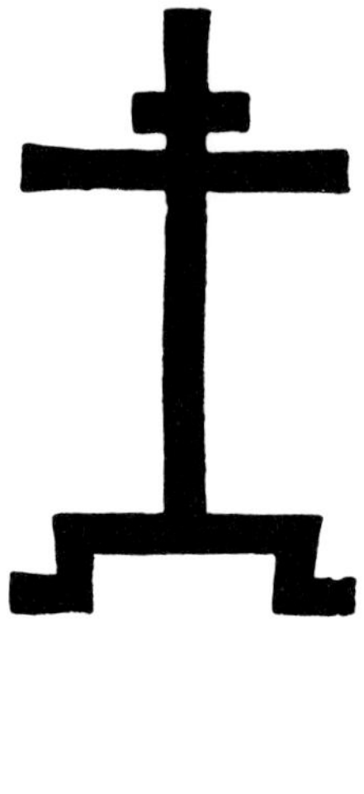

Die Verhaftung Jesu am Ölberg

Alle vier Evangelien des Neuen Testaments berichten, daß durch zwei Ereignisse eine fiebrig-nervöse Stimmung unter jenen vielen Juden sich ausbreitete, die anläßlich ihrer alljährlichen Pflichtwallfahrt zum Paschafest nach Jerusalem gekommen waren.

Das erste Ereignis war der triumphale Einzug Jesu in Jerusalem. Jesus kam von Betanien, das südöstlich von Jerusalem liegt (Mt 21,1–11; Mk 11,1–11; Lk 19,29–40; Joh 12,12–17).

Mit guten Gründen nimmt man an, daß Jesus durch ein Tor der Unterstadt (Ophel) südlich des Tempelberges in Jerusalem eingezogen ist. Hier war, wie Kenner der Stadtgeschichte Jerusalems bezeugen, jenes stark besiedelte Stadtviertel, »das sich auch am engsten mit der Tradition verbunden und religiösem Enthusiasmus gegenüber aufgeschlossen zeigte. Ein Einzug in die Stadt an dieser Stelle stünde auch sehr in Einklang mit den Zuschauermassen, die Jesus nach dem Bericht der Quellen stürmisch begrüßten« (David Flusser).

Das zweite Ereignis war die Tempelreinigung, die von den drei Evangelisten Matthäus (Mt 21,12–17), Markus (Mk 11,15–19) und Lukas (Lk 19,45–48) unmittelbar nach dem Einzug Jesu in die Davidstadt Jerusalem eingefügt ist, während sie im Johannes-Evangelium (Joh 2,12–22) an den Beginn der öffentlichen Wirksamkeit Jesu gestellt wurde.

Auf eine recht makabre Angelegenheit bei der Tempelreinigung Jesu hat Ethelbert Stauffer, ein anerkannter Experte der neutestamentlichen Zeitgeschichte (†1979), aufmerksam gemacht. Wenn Jesus damals »die Tische der Geldwechsler umgestoßen hat« (Mt 21,12; Mk 11,15) und »das Geld der Geldwechsler verschüttete« (Joh 2,15), handelt es sich (nach rabbinischen Überlieferungen) um die sogenannte Hannas-Bank auf dem Tempelberg, die der Hohepriester Hannas, der übrigens auch

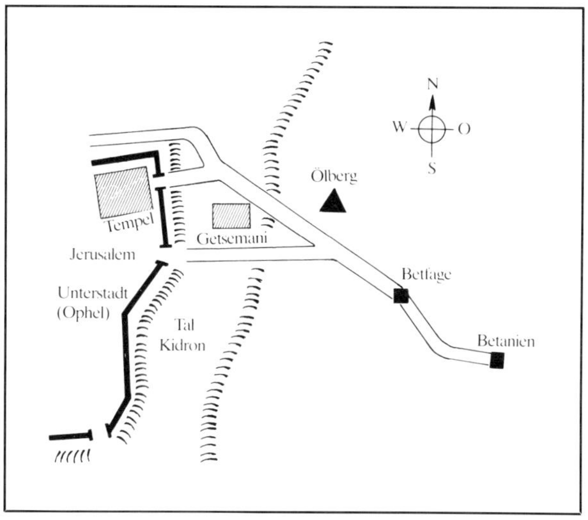

Der Weg von Betanien nach Jerusalem

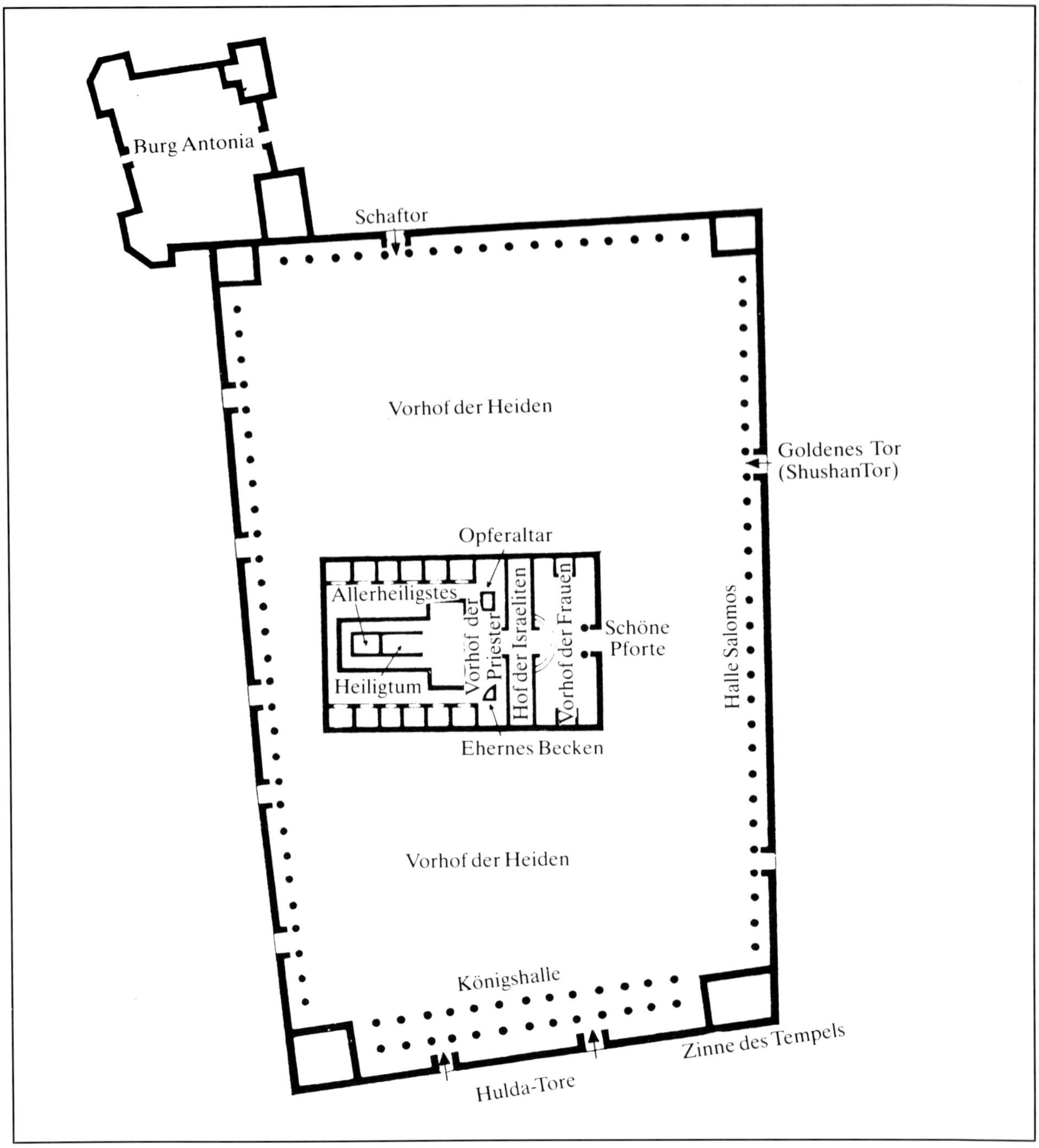

Tempelanlage von Jerusalem zur Zeit Jesu

Schwiegervater des amtierenden Präsidenten Josef Kajaphas (Joh 18,13) war, betrieb. Weil Jesus den einträglichen finanziellen Großbetrieb der Hannas-Bank störte, ist es wohl auch zu erklären, warum Hannas sich jenen Mann aus Nazaret eigens vorführen ließ, der ihm seine Finanzgeschäfte so empfindlich gestört und ihn außerdem in aller Öffentlichkeit bloßgestellt hatte (Joh 18,12–24).

Nach diesen beiden Ereignissen des Einzugs in Jerusalem und der Tempelreinigung war Jesus im Gespräch der Massen. Sicherlich hatten nicht wenige das dumpfe Gefühl, eine religiöse, vielleicht sogar eine politische Entscheidung »liege in der Luft«. Vielleicht wird es noch während dieses Paschafestes zu einem schrecklichen Ereignis kommen.

Die Tempelaustreibung:
Der aus Griechenland (Kreta) stammende und in Spanien (Toledo) heimisch gewordene Maler El Greco (Domenico Theotokopouli, 1541–1614) hat in einer für ihn typisch impressionistischen Manier die Szene der Tempelreinigung (um 1595) auf Leinwand gemalt
(National Gallery, London)

Blick auf Jerusalem vom Ölberg aus:
im Vordergrund der ehemalige Tempelplatz mit der Omarmoschee

Das »Letzte« Abendmahl

Wie in den vergangenen Jahren hat Jesus mit seinen Aposteln – wie es religiöse Verpflichtung der Juden war – das Paschamahl (Sedermahl) als Danksagung für die Großtaten Gottes beim Auszug des Volkes Israel aus Ägypten gefeiert (Mt 26,1–2; Mk 14,1; Lk 22,1). Was aber dieses Sedermahl besonders kennzeichnet, ist die Tatsache, daß es das »Letzte« Abendmahl Jesu mit seinen Jüngern war. Im Wissen, was kommen wird, sagte Jesus zu seinen Jüngern: »Ich habe mich sehr danach gesehnt, vor meinem Leiden dieses Paschamahl mit euch zu essen. Denn ich sage euch: Ich werde es nicht mehr essen, bis das Mahl seine Erfüllung findet im Reich Gottes« (Lk 22,15–16).

Außerdem setzte Jesus bei der Feier seines Letzten Abendmahls neue Akzente, sowohl mit seinen Worten wie mit seinen Taten, die aufhorchen ließen, ja einen gläubigen Juden schockieren mußten. Jesus setzte die Gestalten der ungesäuerten Brote und des mit etwas Wasser vermischten Weines mit seiner Person identisch. Indem er unter getrennten Gestalten sich gegenwärtig setzte: »Das ist mein Leib... Das ist mein Blut, das Blut des Neuen Bundes«, deutete er nicht nur seinen bevorstehenden Kreuzestod an. Hier, wie auch später, als beim Tod Jesu »der Vorhang des Tempels von oben bis unten entzwei riß« (Mt 27,51; Mk 15,38; Lk 23,45), ist die Umstiftung des Alten Bundes zum Neuen Bund vollzogen. Mit Jesus beginnt eine neue Zukunft!

Die Ereignisse des Letzten Abendmahles gehören zum ehrwürdigsten Gut der ganzen Christenheit, »bis der Herr wiederkommt« (1 Kor 11,26). In einem vierfachen Echo hat das Neue Testament jene Worte überliefert, die Jesus über das Brot und über den Kelch gesprochen hat. Die folgende Tabelle bietet einen Überblick über die Abendmahlsworte Jesu und zwar in der geschichtlichen Reihenfolge, wie sie bereits im apostolischen Jahrhundert schriftlich aufgezeichnet worden sind.

Paulus **1 Kor 11**	**Markus** **Kapitel 14**	**Matthäus** **Kapitel 26**	**Lukas** **Kapitel 22**
23 Denn ich habe vom Herrn her überliefert erhalten, was ich euch auch weitergegeben habe: Der Herr Jesus nahm in der Nacht, da er verraten wurde, Brot, 24 und danksagend brach er es und sagte:	22 Während sie aßen, nahm Jesus das Brot, sprach den Lobspruch, brach es und gab es ihnen mit den Worten:	26 Während sie aßen, nahm Jesus Brot, sprach den Lobspruch, brach es, gab es den Jüngern und sprach:	19 Dann nahm er das Brot, sprach das Dankgebet, brach es und gab es ihnen mit den Worten:
Das ist mein Leib für euch; dies tut zu meinem Gedächtnis!	*Nehmet, dies ist mein Leib!*	*Nehmet, esset: Dies ist mein Leib!*	*Das ist mein Leib, der für euch hingegeben wird. Tut dies zu meinem Gedächtnis!*
25 Ebenso nahm er auch den Kelch nach dem Mahle, indem er sprach:	23 Dann nahm er den Kelch, sprach das Dankgebet und gab ihn ihnen. Und sie tranken alle daraus. 24 Dabei sprach er zu ihnen:	27 Dann nahm er den Kelch, sprach das Dankgebet, reichte ihn ihnen und sprach:	20 Und ebenso nahm er nach dem Mahle den Kelch und sprach:
Dieser Kelch ist der Neue Bund in meinem Blute; dies tut, so oft ihr ihn trinket, zu meinem Gedächtnis!	*Dies ist mein Blut, das Blut des Bundes, vergossen für viele.*	28 *Trinket alle daraus, denn dies ist mein Blut, das Blut des Bundes, vergossen für viele zur Vergebung der Sünden.*	*Dieser Kelch ist der Neue Bund in meinem Blute, das für euch vergossen wird.*
	25 *Wahrlich, ich sage euch, ich werde nicht mehr von der Frucht des Weinstocks trinken bis zu jenem Tage, da ich neu davon trinken werde im Reiche Gottes.*	29 *Ich sage euch, ich werde von nun an nicht mehr von dieser Frucht des Weinstocks trinken bis zu jenem Tage, an dem ich davon aufs neue mit euch trinke im Reiche meines Vaters.*	
26 *So oft ihr denn dieses Brot esset und den Kelch trinket, verkündet ihr damit den Tod des Herrn, bis er wiederkommt.*			

Die Fußwaschung (Joh 13,1–20):
Ausschnitt eines Altarbildes (um 1410) des sogenannten Meisters der Lüneburger Goldenen Tafel
(Niedersächsisches Landesmuseum, Hannover)

Luftaufnahme des Berges Zion, der heutigen Oberstadt von Jerusalem, wo nach der Überlieferung der Abendmahlsaal liegt

Das Haus mit dem »großen Obergemach, das mit Speisepolstern versehen« (Mk 14,15; Lk 22,12) war, in dem Jesus das Letzte Abendmahl gefeiert hat, wird heute in der Oberstadt von Jerusalem auf dem Berg Zion gezeigt. Es handelt sich um eine im gotischen Stil errichtete Halle, deren Fläche 15,3 m x 9,4 m beträgt und die durch drei, aus der Kreuzfahrerzeit stammende Säulenreihen unterteilt ist.

Wegen der Größe und der hervorragenden Ausstattung des »Obergemachs« ist dieses Haus mit Recht in der Oberstadt zu suchen, dem bevorzugten Wohnviertel der Reichen und Mächtigen des damaligen Judentums. In der Nähe liegt das Haus des Hohenpriesters Josef Kajaphas. Einige Forscher der jüngsten Zeit (z. B. Shmuel Safrai) neigen jedoch zu der Annahme, den Abendmahlssaal eher in der Unterstadt zu suchen, wo damals Juden der mittleren und unteren Schicht wohnten und auch weniger gut situierte Juden zum österlichen Sedermahl eine Unterkunft suchten.

Christus am Ölberg (Mt 26,36–39): ▷
Ausschnitt aus dem Holztafelgemälde von Hans Leonhard Schäufelein (um 1480–1540).
Alte Pinakothek, München

Garten Getsemani

Die Ereignisse im Garten Getsemani

Nach dem Letzten Abendmahl ist Jesus zunächst auf dem Osthang des Berges Zion die (wiederausgegrabene) Terrassenstraße in das Tyropöon-Tal hinabgestiegen. Von dort aus führte der Weg zum Ophel hinauf und schließlich hinunter in das Tal des Kidron (Joh 18,1), der meist wasserleer war und nur nach starken Winterregen zu einem reißenden Bach anschwillt (Kidron bedeutet »unruhiger Bach«).

Jesus muß sich mit seinen Jüngern auch früher schon öfter im Garten Getsemani am Westhang des Ölbergs aufgehalten haben. Es heißt, daß er »sich seiner Gewohnheit gemäß an den Ölberg (aramäisch: »gat semane« = Ölkelter) begab. Es folgten ihm auch seine Jünger« (Lk 22,39). Ausdrücklich ist auch festgehalten: »Es kannte auch Judas, der ihn überlieferte, den Ort, weil Jesus dort oft mit seinen Jüngern zusammenkam« (Joh 18,2).

Man hat argumentiert, Jesus habe die ihm drohende Gefahr gekannt. Er wollte daher, so meinte man, die Stadtmauern von Jerusalem verlassen um in den Garten Getsemani zu fliehen und um schließlich in der Wüste unterzutauchen. Es war nach jüdischen Vorschriften (Halacha) strengstens verboten, nach dem Paschaopfer die Stadt zu verlassen. Nach den Texten der Evangelien war der Gang Jesu in den Garten Getsemani alles andere als eine Flucht. Sie berichten vielmehr von seinem längeren Verweilen im Garten Getsemani, von seiner Todesangst, von seinem Gebet, von seinem Ja zur Ganz-Hingabe und damit zum sich verblutenden Holocaust – zur Vergebung der Sünden.

Die ganze Tiefe der gottmenschlichen Dramatik verspürt heute noch jeder Leser der neutestamentlichen Berichte über die Ereignisse am Ölberg.

Mk 14 32–42

32 Und sie kamen zu einem Grundstück namens Getsemani, und er sprach zu seinen Jüngern: Setzt euch hier nieder, während ich bete!

33 Und (nur) den Petrus, Jakobus und Johannes nahm er mit. Und er begann zu zittern und zu zagen

34 und sprach zu ihnen: »Meine Seele ist betrübt bis zum Tode«; bleibet hier und wachet!

35 Und er ging ein wenig weiter, warf sich auf die Erde nieder und betete, es möge, wenn möglich, die Stunde an ihm vorübergehen,

36 und sprach: Abba, Vater, alles ist dir möglich, laß diesen Kelch an mir vorübergehen! Doch nicht, was ich will, sondern was du willst!

37 Und er kam (zurück) und fand sie schlafend und sprach zu Petrus: Simon, schläfst du? Konntest du nicht eine Stunde wachen?

38 Wachet und betet, daß ihr nicht in Versuchung geratet!
Der Geist ist willig, aber das Fleisch ist schwach.

39 Und wieder ging er weg und betete mit den gleichen Worten.

40 Und als er zurückkam, fand er sie wieder schlafend; denn ihre Augen waren beschwert, und sie wußten nicht, was sie ihm antworten sollten.

41 Und er kam zum dritten Male und sprach zu ihnen: So schlaft denn weiter und ruht! Es ist genug. Die Stunde ist gekommen. Siehe, der Menschensohn wird in die Hände der Sünder überliefert.

42 Steht auf, wir wollen gehen! Siehe, der mich überliefert, ist da.

Mt 26 36–46

36 Darauf kam Jesus mit ihnen zu einem Grundstück namens Getsemani und sprach zu den Jüngern: Setzt euch hier nieder, während ich dorthin gehe und bete!

37 Und (nur) den Petrus und die zwei Söhne des Zebedäus nahm er mit und begann zu zittern und zu zagen.

38 Dann sprach er zu ihnen: »Meine Seele ist betrübt bis zum Tode«; bleibt hier und wachet mit mir!

39 Und er ging ein wenig weiter, warf sich auf sein Angesicht nieder und betete also: Mein Vater, wenn es möglich ist, so gehe dieser Kelch an mir vorüber! Doch nicht, wie ich will, sondern wie du willst!

40 Und er kam zu den Jüngern (zurück) und fand sie schlafend und sprach zu Petrus: So konntet ihr nicht eine Stunde mit mir wachen?

41 Wachet und betet, daß ihr nicht in Versuchung geratet! Der Geist ist willig, aber das Fleisch ist schwach.

42 Wieder, zum zweiten Male, ging er weg und betete also: Mein Vater, wenn dieser (Kelch) nicht an mir vorübergehen kann, ohne daß ich ihn trinke, so geschehe dein Wille!

43 Und als er zurückkam, fand er sie wieder schlafend; denn ihre Augen waren beschwert.

44 Und er ließ sie (schlafen), ging wieder weg und betete zum dritten Male mit den gleichen Worten.

45 Darauf kam er zu den Jüngern und sprach zu ihnen: So schlaft denn weiter und ruht! Siehe, die Stunde hat sich genaht, da der Menschensohn in die Hände der Sünder überliefert wird.

46 Steht auf, wir wollen gehen! Siehe, der mich überliefert, ist da.

Lk 22 40–48

40 Als er aber an den Ort kam, sprach er zu ihnen: Betet, daß ihr nicht in Versuchung geratet!

41 Und er entfernte sich von ihnen ungefähr einen Steinwurf weit, kniete nieder

42 und betete: Vater, wenn du willst, laß diesen Kelch an mir vorübergehen! Doch nicht mein Wille, sondern der deine geschehe!

43 Da erschien ihm ein Engel vom Himmel und stärkte ihn.

44 Und als er in Todesangst geriet, betete er (immer) inbrünstiger. Und sein Schweiß wurde wie Blutstropfen, die auf die Erde fielen.

45 Und er stand auf vom Gebet, ging zu den Jüngern und fand sie vor Traurigkeit eingeschlafen

46 und sprach zu ihnen: Warum schlaft ihr? Steht auf und betet, daß ihr nicht in Versuchung geratet!

Judas Iskariot, der Verräter

Wer vom Kreuzestod Jesu spricht, muß auch von jenem sprechen, der als »Sohn des Verderbens« (Joh 17,12; 2 Thess 2,3) Jesus verraten und ausgeliefert hat – Judas aus Kariot (Is-Kariot = Mann aus Kariot), einem kleinen Marktflecken in Südjudäa. Judas ist unter den zwölf Aposteln der einzige Nicht-Galiläer. Vielleicht war er deshalb von Anfang an in eine nicht besonders glückliche Außenseiterrolle gedrängt – abgedrängt.

Judas hat sich nicht in das Apostelkollegium eingeschlichen. Auch er war ein von Jesus Berufener. Von Jesus erhielt er den bevorzugten Posten eines Ökonomen und Caritasreferenten. Fragen über Fragen türmen sich auf, warum Jesus überhaupt diesen Mann unter die »Zwölf« (Mk 6,7) einreihte und warum er ausgerechnet ihm die Rolle des Geldverwalters übertragen hat. Wäre Judas, wenn ihm diese finanziellen Aufgaben nicht übertragen worden wären, ein anderer Apostel geworden, wäre er nicht auf die schiefe Bahn eines geldgierigen Menschen geraten, der sich schließlich für 30 Silberlinge seinen Verrat bezahlen ließ (Lk 22,3–6; Mk 14,10–11; Mt 27,3)?

Judas, der Verräter, ist und bleibt eine beunruhigende Frage, die zu allererst über das gottmenschliche Geheimnis, vor allem über göttliche Allwissenheit und menschliches Wissen Jesu Christi zum Nachdenken zwingt. Auch den Aposteln blieb die harte Gewissenserforschung nicht erspart, wie so etwas unter ihnen möglich sein konnte und warum sie selbst die schreckliche Entwicklung ihres Mitapostels nicht bemerkt hatten. Es ist und bleibt zu allen Zeiten bestürzend, daß man in der Nähe Jesu zum Verräter, zum Abtrünnigen werden kann.

Judas brauchte keine Sonderinformationen, um zu erfahren, wohin sich Jesus nach dem Letzten Abendmahl begab, denn »er kannte den Ort (den Garten Getsemani), weil Jesus dort oft mit seinen Jüngern zusammenkam« (Joh 18,2). Wie sehr Jesus auch noch dem Verräter seine ungebrochene Versöhnungsbereitschaft zeigte, ist den Worten zu entnehmen, die er am Ölberg zu Judas sprach: »Freund, mit einem Kuß verrätst du den Menschensohn?« (Mt 26,50).

Judas hat sich als Agent von den Führern des religiösen Judentums anwerben lassen. Das Verhaftungskommando, das er in den Garten Getsemani führte, dürfte sich, auch wenn es kleine Unterschiede in der Überlieferung der Synoptiker Matthäus, Markus und Lukas gegenüber dem Johannes-Evangelium (Joh 18,3) gibt, aus Mitgliedern der Tempelpolizei oder der jüdischen Gerichtsorgane zusammengesetzt haben. »Judas hatte eine Kohorte Soldaten und Knechte von den Hohenpriestern und Pharisäern genommen und kam nun dorthin mit Laternen, Fackeln und Waffen« (Joh 18,3).

Was sich damals ereignete, hat John Henry Newman (1801–1890) in einer seiner Predigten anzudeuten versucht, der er den bezeichnenden Titel gab »Gottes Allmacht in Banden«. Jesus, der menschgewordene Sohn Gottes, liefert sich den Mächtigen dieser Welt aus: »Aber das ist eure Stunde und der Machtbereich der Finsternis« (Lk 22,53). Knapp und erschütternd ist der Satz, der nach der Verhaftung Jesu im Matthäus-Evangelium steht: »Da verließen ihn die Jünger alle und flohen« (Mt 26,56).

◁ *Der Judaskuß (Mt 26,47–50):*
Gemälde auf Leinwand von Anthonis van Dyck (1599–1641),
Museo del Prado, Madrid

Der Prozeß Jesu

Der Prozeß Jesu hat in allen Jahrhunderten besonders jene beschäftigt, die als Christen in die Nachfolge dessen eingetreten sind, der als religiöser Ketzer und antirömischer Revolutionär verurteilt und mit dem Kreuzestod bestraft wurde. »... Christus, der Gekreuzigte: für Juden ein empörendes Ärgernis, für Heiden eine Torheit, für die Berufenen aber, Juden wie Griechen, Christus, Gottes Kraft und Gottes Weisheit« (1 Kor 1,23–24).

Auch Juristen haben sich wiederholt mit dem Prozeß Jesu befaßt. Dabei ging es nicht bloß um die Frage, welche Zuständigkeit und Urteilsmöglichkeit dem religiösen Gerichtshof, dem Hohen Rat (Synedrium) des damaligen Judentums zukam. Auch der anderen Frage ging man immer wieder nach, ob das Delikt der Gotteslästerung (Mk 14,61–62) überhaupt für eine Verurteilung ausreiche. Wenn aber wirklich die offiziellen Vertreter des damaligen Judentums das Tötungsrecht (jus gladii) hatten, warum wurde Jesus nicht gesteinigt, wie es bei den Juden sonst üblich war? Stand nicht doch auf Grund der besatzungspolitischen Situation Palästinas das Tötungsrecht ausschließlich dem damaligen römischen Prokurator Pontius Pilatus zu?

Der Prozeß Jesu hat nicht zuletzt Vertreter des modernen Judentums beschäftigt. Von jüdischen Rechtsanwälten wurde eine Revision des Prozesses, ja ein neues Verfahren gegen Jesus gefordert. Josef Blinzler hat in seinem Lebenswerk »Der Prozeß Jesu« (Regensburg 1969[4],15–18) eine Vielzahl solcher Bemühungen registriert. Am 25. Juli 1931 soll – so berichtet er (Seite 16) – in Jerusalem ein aus jüdischen Rechtsgelehrten bestehender Gerichtshof unter dem Vorsitz von Dr. Veldeisel zusammengetreten sein und nach längerer Beratung die Entscheidung gefällt haben, Jesus sei unschuldig gewesen.

Angesichts der Schuldfrage am Kreuzestod Jesu und der im Matthäus-Evangelium überlieferten Worte des jüdischen Volkes: »Sein Blut komme über uns und unsere Kinder!« (Mt 27,25), sah sich die katholische Kirche anläßlich des 2. Vatikanischen Konzils in dem »Dekret über das Verhältnis der Kirche zu den nichtchristlichen Religionen« (vom 28. Oktober 1965) genötigt, den Vorwurf einer jüdischen Kollektivschuld zurückzuweisen. »Obgleich die jüdischen Obrigkeiten mit ihren Anhängern auf den Tod Christi gedrungen haben (vgl. Joh 19,6), kann man dennoch die Ereignisse seines Leidens weder allen damals lebenden Juden ohne Unterschied noch den heutigen Juden zur Last legen. Gewiß ist die Kirche das neue Volk Gottes, trotzdem darf

◁ *Blick vom Tempelplatz auf den Ölberg: im Vordergrund die 1924 auf dem Fundament früherer Heiligtümer errichtete Todesangstkirche, auf halber Höhe die russisch-orthodoxe Maria-Magdalenen-Kirche mit den goldglänzenden Zwiebelkuppeln, erbaut 1888 vom Zaren Alexander III. (1881–1894)*

Luftaufnahme: Tempelplatz von Jerusalem mit dem Felsendom, benannt nach dem »Heiligen Felsen« (es Sachra), der in Verbindung gebracht wird mit der Opferstätte Abrahams, dem Opferaltar aus dem Tempel Salomos und auch mit der Himmelfahrt des Propheten Mohammed

man die Juden nicht als von Gott verworfen oder verflucht darstellen, als wäre dies aus der Heiligen Schrift zu folgern. Darum sollen alle dafür Sorge tragen, daß niemand in der Katechese oder bei der Predigt des Gotteswortes etwas lehre, das mit der evangelischen Wahrheit und dem Geiste Christi nicht im Einklang steht« (Artikel 4).

Hannas, der Alt-Hohepriester

Nach der Verhaftung Jesu im Garten Getsemani wurde Jesus, wie es im Johannes-Evangelium (Joh 18,12–23) überliefert ist, zunächst zu Hannas geführt. Es ist erstaunlich, daß überhaupt eine Vorführung Jesu bei ihm durchgeführt wurde, denn Hannas war zwar von 6 bis 15 n. Chr. amtierender Vorsitzender des Hohen Rates gewesen, war aber seit 15 Jahren nicht mehr in diesem Amt. Der Grund für die Sonderaktion vor Hannas kann nicht bloß damit begründet werden, daß sein Schwiegersohn Josef Kajaphas damals amtierender Hoherpriester und Präsident des Hohen Rates war (Lk 3,2; Joh 18,13). Obwohl Hannas im Jahr 15 n. Chr. durch den römischen Statthalter Valerius Gratus (15–26 n. Chr.) abgesetzt worden war, hatte er hinter den Kulissen die religiösen und politischen Fäden fest in seinen Händen. Ohne ihn ging nichts.

Vielleicht war es die persönliche Verärgerung wegen der Störung seines finanziellen Großbetriebs im Tempel von Jerusalem, die Hannas bewogen hat, den Mann aus Nazaret persönlich zu sehen und sich an ihm durch hämische Fragen zu rächen. Es ist auch daran zu denken, daß es die Eitelkeit des abgesetzten, religiösen Machthabers war, der zeigen wollte, wer in diesen Jahren und speziell bei der Jesus-Affäre Politik macht.

Die Vorführung Jesu vor Hannas hatte gewiß keine offizielle Bedeutung. Bei diesem

Umgrenzungsmauer der Tempelplatzes von Jerusalem ▷

Blick auf den Felsendom (erbaut von Kalif Malik, 685–705) von der zu Beginn des 8. Jahrhunderts errichteten Aqsa-Moschee, der drittgrößten Moschee des Islam

Vorverhör scheinen aber bereits jene Vorwürfe und Argumente auf, die beim offiziellen Prozeß vor dem Hohen Rat unter dem Vorsitz des Gerichtspräsidenten Josef Kajaphas verwendet werden. Hannas kannte wohl schon im voraus die Anklagepunkte des Prozesses. Oder ist er es gewesen, der als schlauer Fuchs und mit allen Paragraphen eines Ketzerprozesses wohl vertrauter Hoherpriester dem Hohen Rat, vor allem seinem Schwiegersohn Josef Kajaphas diese Argumente für den Verlauf und für die Beschlußfassung des Prozesses gegen Jesus vorgelegt hatte?

Josef Kajaphas, der Gerichtspräsident

Wenn die Annahme richtig ist, daß Hannas und sein Schwiegersohn Josef Kajaphas im gleichen Palast im Prominentenviertel der Oberstadt von Jerusalem wohnten (in der Gegend des heutigen Berges Zion), dann war der Weg Jesu von Hannas zu Kajaphas kurz. Nimmt man aber an, daß die Gerichtsverhandlung nicht im Palast des Kajaphas, sondern im Amtsgebäude des Hohen Rates abgehalten wurde, dann hat der Weg zum offiziellen Verhör Jesu durch die Straßen der Oberstadt geführt, in deren nordöstlicher Ecke das Gebäude des Synedriums (Mk 14,53) außerhalb des Tempelbezirks stand.

Kajaphas hat bereits im Jahr 18 n. Chr. das Amt des Präsidenten des Synedriums erhalten. Die Tatsache, daß er 18 Jahre lang bis zur Absetzung des römischen Prokurators Pontius Pilatus (36 n. Chr.) im Amt blieb und gleichzeitig mit Pilatus aus dem Amte schied, ist der Beweis dafür, »daß er ein willfähriger Kollaborateur der Besatzungsmacht war und speziell mit Pilatus unter einer Decke steckte« (Ethelbert Stauffer).

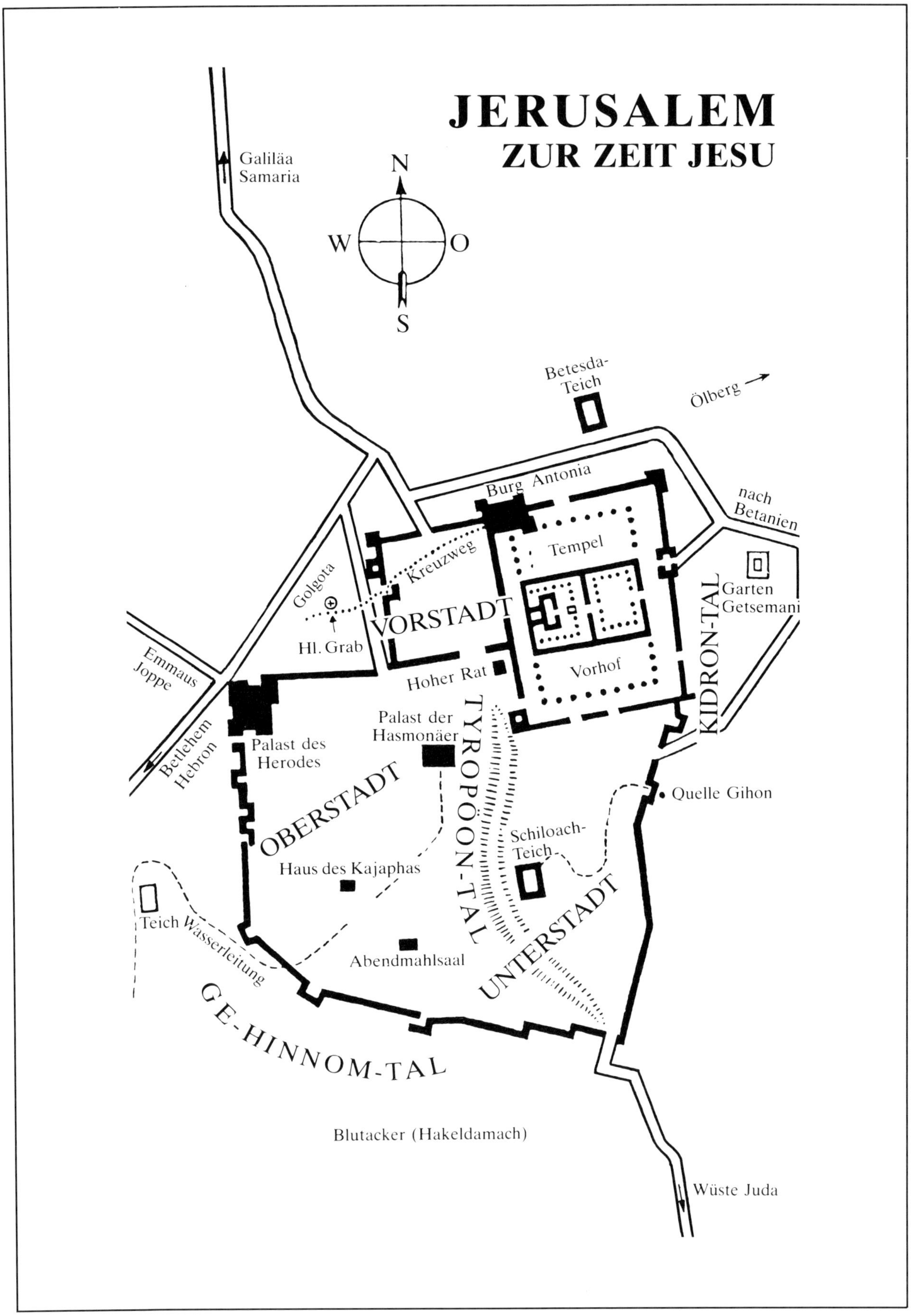
JERUSALEM
ZUR ZEIT JESU
N
W
O
S
Galiläa
Samaria
Betesda-
Teich
Ölberg
Burg Antonia
nach
Betanien
Tempel
Garten
Getsemani
Kreuzweg
Golgota
Hl. Grab
VORSTADT
KIDRON-TAL
Vorhof
Hoher Rat
Emmaus
Joppe
Bethlehem
Hebron
Palast des
Herodes
Palast der
Hasmonäer
TYROPÖON-TAL
OBERSTADT
Quelle Gihon
Schiloach-
Teich
Haus des Kajaphas
Teich
Wasserleitung
Abendmahlsaal
UNTERSTADT
GE-HINNOM-TAL
Blutacker (Hakeldamach)
Wüste Juda

Der Hohe Rat war ein Ältestenrat von 71 Mitgliedern; für die Beschlußfähigkeit war die Anwesenheit von 23 Ratsherrn erforderlich. Unter den 71 Mitgliedern des Synedriums bildeten die Sadduzäer die klerikale Fraktion, die neben jenen Ratskollegen, die der herrschenden Hochpriesterdynastie entstammten, auf der Seite des Kajaphas stand. Die Schriftgelehrten und Pharisäer hingegen bildeten die pharisäische Fraktion, die häufig zu Kajaphas und zu den ihn unterstützenden Sadduzäern in heftiger Opposition stand. Der Opposition im damaligen Hohen Rat sind auch zuzurechnen die beiden Ratsherrn Nikodemus (Joh 3,1–21; 7,45–53; 19,39) und Josef von Arimatäa (Mk 15,43; Lk 23,41; Mt 27,57–60).

Überaus treffend hat der neutestamentliche Fachmann Ethelbert Stauffer das Spiel vor und hinter den Kulissen des Hohen Rates in der damaligen Zeit beschrieben: »Man kann sich vorstellen, daß ein so virtuoser Taktiker und Praktiker wie Josef Kajaphas keine allzu große Not hatte, dieses Synedrium nach seinem Willen zu steuern. Die Hohenpriester hielten im Ernstfalle eisern zusammen. Die Sadduzäer spielten mit. Die Pharisäer standen mehr oder weniger in der Opposition, aber diese Opposition war in sich uneins, sie war mit theologischen Problemen und Streitfragen beschäftigt, und ihre führenden Männer waren bewußt unpolitisch. Wenn Kajaphas schwieg, war das Synedrium politisch stumm. Wenn Kajaphas still hielt, war dieses Synedrium politisch aktionsunfähig«.

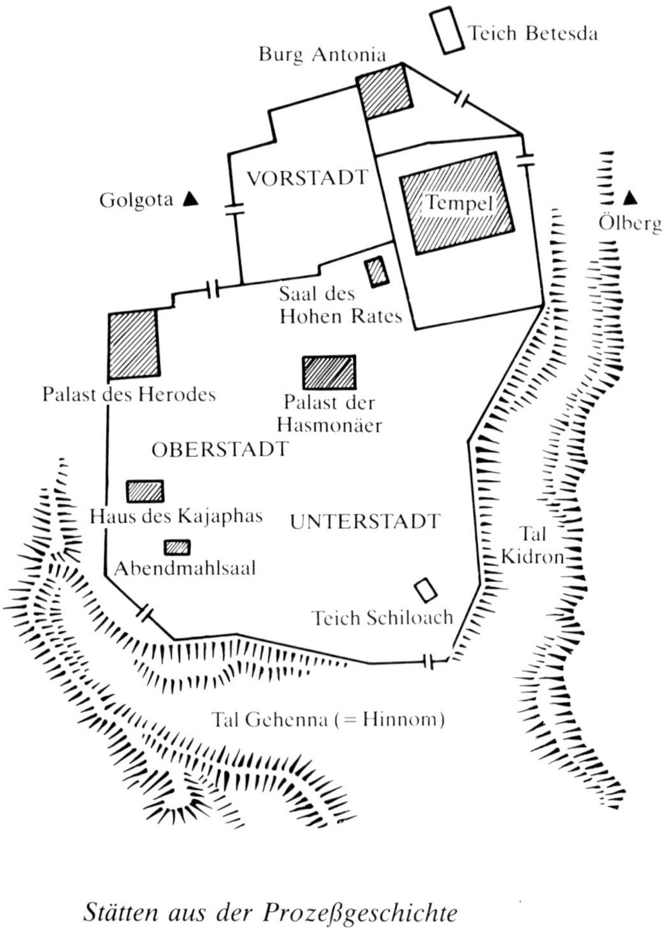

Stätten aus der Prozeßgeschichte

Weil aber für Kajaphas die Sache mit Jesus, dem Mann aus Nazaret, eine überaus brisante und eilige Angelegenheit war (Joh 18,14), war mit ihm auch der Hohe Rat in höchster religiöser und politischer Alarmbereitschaft. Es war für Kajaphas und den Hohen Rat mehr als peinlich, daß beim Verhör die Aussagen der aufgerufenen Zeugen nicht übereinstimmten (Mk 14,55–60). Nach diesem offensichtlichen Fiasko griff der Gerichtspräsident Kajaphas zum letzten Mittel, indem er an Jesus die beschwörende Frage stellte: »Ich beschwöre dich beim lebendigen Gott, daß du uns sagst, ob du der Messias bist, der Sohn Gottes?« (Mt 26,63). Wie in einem Gerichtsprotokoll lautet der nächste Satz in dem Prozeßbericht der Evangelien: »Jesus aber sprach: Ich bin es« (Mk 14,62; Mt 26,64).

Die Reaktion des Kajaphas auf die Antwort Jesu war ein klares Zeichen, daß eine massive Gotteslästerung, eine ungeheuerliche Gottesanmaßung von Jesus ausgesprochen wurde, indem er mit den Worten: »Ani hu« (= Ich bin es), die für Juden allerheiligste Gottesaussage (Jes 63,1; vgl. Joh 8,58–59; 13,19) gebraucht hat. »Da zerriß der Hohepriester seine Kleider und sprach: Was brauchen wir noch Zeugen? Ihr habt die Lästerung gehört. Was fällt ihr (gewandt an die Mitglieder des Hohen Rates) für ein Urteil? Sie aber sprachen ihn alle des Todes schuldig« (Mk 14,63–64).

Was sich im Hohen Rat abspielte, ist sicherlich nicht in allen Einzelheiten in den vier

Evangelien des Neuen Testaments aufgeschrieben worden. Die neutestamentlichen Berichterstatter legten darauf sichtlich Wert, sowohl die alles entscheidende Frage des Gerichtspräsidenten Kajaphas wie auch die alles entscheidende Antwort des Angeklagten Jesus festzuhalten. Das Verfahren vor dem Hohen Rat kann wohl nicht als juristischer Prozeß mit Beschlußfassung angesehen werden. Es war vielmehr »eine jüdische Vorverhandlung, die das Material für die Anklage beim Prokurator bereitstellen sollte« (Gerhard Schneider).

Herodes Antipas, der Landesherr Jesu

Das jüdische Synedrium hatte nicht das Recht der Blutgerichtsbarkeit: »Wir haben nicht das Recht, jemand zu töten« (Joh 18,31). Es lieferte deshalb Jesus dem Gerichtshof des römischen Statthalters Pontius Pilatus aus. »Sie ließen ihn (Jesus) fesseln und übergaben ihn dem Statthalter Pilatus« (Mt 27,2; Mk 15,1; Lk 23,1; Joh 18,28). Ehe aber auf den Prozeß von Pontius Pilatus eingegangen wird, soll jenes Intermezzo erwähnt werden, das als »Zwischenspiel« in das Verfahren beim Statthaltergericht eingefügt ist und im Lukas-Evangelium (Lk 23,6–12) berichtet wird.

Das Lukas-Evangelium gibt eine Begründung für die Überstellung Jesu zu Herodes Antipas: »... Pilatus fragte, ob der Mann (Jesus) ein Galiläer sei, und als er vernahm, daß er aus dem Gebiet des Herodes sei, schickte er ihn zu Herodes, der sich in diesen Tagen ebenfalls in Jerusalem aufhielt« (Lk 23,6–7). Herodes Antipas, jüngster und begabtester Sohn des Königs Herodes des Großen, wurde nach dessen Tod im Jahr 4 v. Chr. von Römers Gnaden Vierfürst (Tetrarch) von Galiläa und Peräa. Er war »seit seiner Erziehung in der heidnischen Welthauptstadt religiös indifferent, der Freund prachtvoller Bauten, üppiger Tafeln und jeder anderen Art des Lebensgenusses, der schlaue Diplomat, den freilich alle Klugheit im Stiche ließ, wenn ihn die sinnliche Leidenschaft überwältigte« (Josef Blinzler).

Im Hasmonäerpalast fand wohl die Gegenüberstellung Jesu mit Herodes Antipas statt, der zwar immer nach dem Königstitel gestrebt hatte, ihn aber nie erreichen konnte. Welche Gründe könnten den römischen Statthalter Pontius Pilatus bewogen haben, Jesus seinem galiläischen Landesherrn Herodes Antipas zu überstellen? Es ist durchaus möglich, daß Pilatus den unangenehmen Fall loswerden wollte und hoffte, Herodes werde in seinem Herrschaftsgebiet Galiläa über seinen Untertanen aus Nazaret Gericht halten.

Herodes Antipas zog sich jedoch geschickt »wie ein Fuchs« (Lk 13,32) aus der Affäre. Er inszenierte lediglich eine Messiasparodie, indem er Jesus »verspottete und ihm ein Prunkgewand anziehen ließ« (Lk 23,11). Er war aber zu klug, sich selbst ein Bein zu stellen. Was der römische Statthalter Pontius Pilatus als überaus wertvolles Argument von Herodes Antipas für seine Entscheidungen hielt, war der Hinweis: »... ich habe an diesem Menschen keine Schuld in den Dingen gefunden, deren ihr ihn anklagt. Aber auch Herodes nicht; denn er hat ihn uns zurückgeschickt« (Lk 23,14–15).

Es deutet sich eine in der christlichen Glaubensgeschichte immer wiederkehrende Tatsache an, wenn es heißt: »An dem Tage wurden Herodes und Pilatus Freunde miteinander. Vorher nämlich hatten sie in Feindschaft gegeneinander gelebt« (Lk 23,12).

Hans von Campenhausen hat im Anschluß an diesen Satz geschrieben: »So groß der Streit und Unfriede in der Welt auch sein mag – die ärgsten Feinde schließen sich dennoch zusammen, wenn es gilt, die letzte, Person gewordene Wahrheit Gottes zu verwerfen«.

Seiten46/47: ▷
Jesus vor Pontius Pilatus:
Standfoto aus dem Film »Jesus von Nazaret« (1978), Regie Franco Zeffirelli

Pontius Pilatus, der römische Statthalter

Weil allein dem römischen Statthalter das Urteil und die Vollstreckung des Todesurteils im besetzten Palästina zukam, mußten vom Hohen Rat die Anklagen gegen Jesus beim Statthaltergericht vorgelegt werden. Um jedoch Pontius Pilatus für Argumente des Hohen Rates zu interessieren, war es erforderlich, ein Vergehen Jesu zu nennen, das mehr war als eine innerjüdische Streitigkeit oder Intrige. »Wenn es sich um Streitigkeiten über Lehre und Namen und euer Gesetz handelt, dann seht selber zu! Ich will darüber nicht Richter sein« (Apg 18,15). Mit diesen Worten lehnte der Prokonsul Gallio, der Bruder des berühmten Philosophen Seneca, eine Denunziation des Apostel Paulus durch Juden energisch ab. Gewiß hat sich dieser Vorfall mehrere Jahrzehnte später abgespielt. Er wirft aber sicherlich Licht auf die besatzungspolitische Rechtsposition Palästinas zur Zeit Jesu.

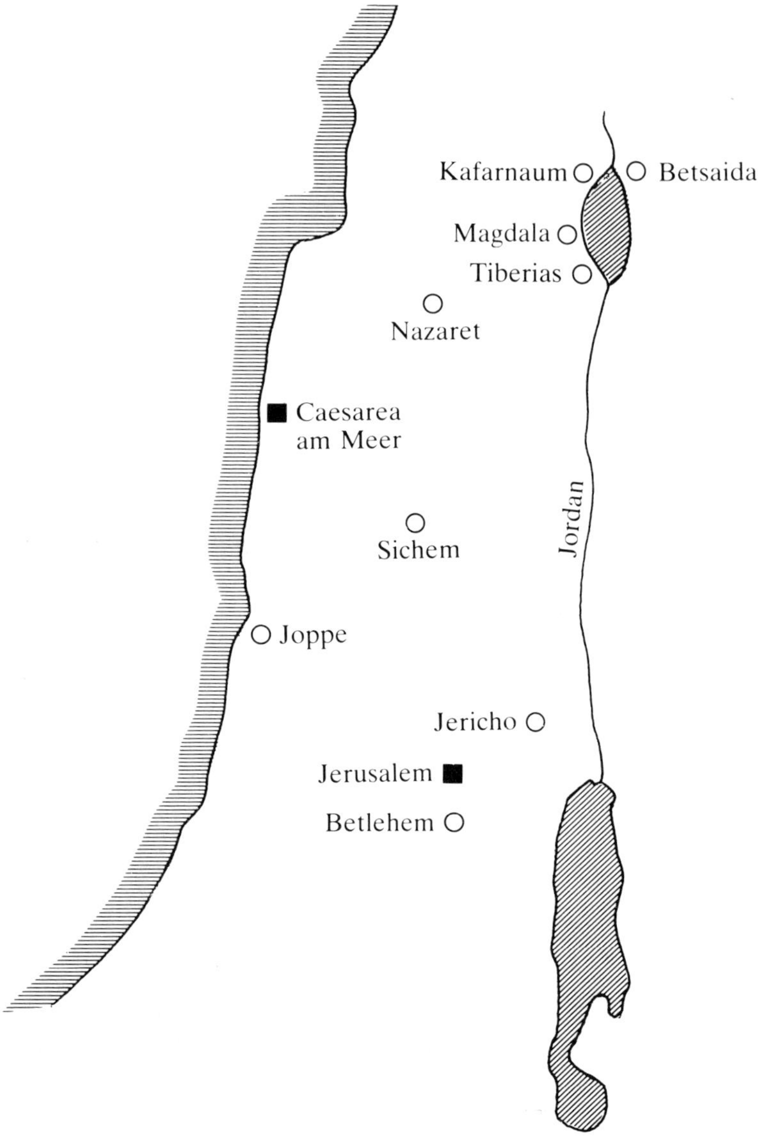

Es mußte ein qualifizierter, politischer Anklagepunkt sein, der Pilatus zum Eingreifen veranlaßte. In einem solchen Fall (im deutlichen Unterschied zum Kollegialverfahren des Hohen Rates) fungierte er als Einzelrichter. Wo aber haben sich die letzten Szenen des Prozesses abgespielt?

Die römischen Prokuratoren hatten ihren eigentlichen Regierungssitz in Caesarea am Meer. An den drei jüdischen Hochfesten (Paschafest, Pfingstfest und Laubhüttenfest: Ex 23,17; 34,23) übersiedelten sie nach Jerusalem, um bei eventuellen Unruhen oder Aufständen sofort militärisch eingreifen zu können. Für den Ort, an dem Pilatus in Jerusalem residierte und an dem er auch den Prozeß gegen Jesus durchführte, gibt es unter den Fachleuten unterschiedliche Auffassungen. Wo befand sich also das »Prätorium« (Mk 15,16; Mt 27,27; Joh 18,28–33; 19,9), in dem und vor dem Jesus von Pilatus verhört und verurteilt wurde?

Einige Forscher plädieren für den in der Nordwestecke der damaligen Oberstadt erbauten Palast des Herodes (südlich des heutigen Jaffatores). Dort stand, wie der jüdische Geschichtsschreiber Josephus Flavius als Augenzeuge bestätigen kann, ein gewaltiger Baukomplex mit einer Vielzahl von Innenhöfen, Säulenhallen, Bädern, Teichen und mit zahlreichen Bronzestatuen geschmückten Spazierwegen. Andere wiederum verweisen auf die an der Nordwestecke des Tempelplatzes errichtete Burg Antonia, dessen Innenhof von 1900 qm mit mächtigen Kalksteinplatten, »Lithostrotos«, aramäisch Gabbatha genannt (Joh 19,15), belegt war. Von der Stätte dieses

Innenhofes aus beginnt übrigens heute der Kreuzweg, die Via dolorosa.

Nach den Berichten der vier Evangelien versuchte Pilatus zunächst, den Prozeß zu verzögern und Jesus frei zu bekommen. »Er tat es nicht und damit beginnt seine Schuld« (Josef Blinzler).

Immer wieder beteuert Pilatus: »Ich finde keine Schuld an diesem Menschen« (Mk 15,7; Lk 23,14; Joh 18,38). Es ist für jeden Menschen mit einem gesunden Rechtsempfinden unverständlich, wenn es dann heißt: »Darauf ließ Pilatus Jesus nehmen und ihn geißeln. Die Soldaten flochten einen Kranz aus Dornen und setzten ihn auf sein Haupt, legten ihm einen purpurroten Mantel um, traten vor ihn und sagten: Heil dir, König der Juden! Und sie schlugen ihm ins Gesicht« (Joh 19,1–3).

Die Verse, die unmittelbar folgen lauten: »Pilatus ging wieder hinaus und sprach zu ihnen: Seht, ich führe ihn heraus zu euch, damit ihr erkennt, daß ich keine Schuld an ihm finde. Jesus kam nun heraus, den Dornenkranz tragend und den purpurroten Mantel,

Pilatus wäscht seine Hände in Unschuld (Mt 27,24): Relief aus der Domitillla-Katakombe (4. Jahrhundert), Lateranmuseum, Rom

und Pilatus sprach zu ihnen: Seht, da ist der Mensch!« (Joh 19,4–5).

Hat der römische Prokurator Pontius Pilatus überhaupt ein formelles, juristisch begründetes Urteil gesprochen oder hat er sich um einen Urteilsspruch »herumgedrückt«? Hat er feige kapituliert und Jesus schließlich zur Kreuzigung ausgeliefert? »Pilatus sagte zu den Juden: Seht euren König! Jene aber schrien: Hinweg! Hinweg! Kreuzige ihn! Pilatus sagte zu ihnen: Euren König soll ich kreuzigen? Die Hohenpriester antworteten: Wir haben keinen König außer dem Kaiser. Da übergab er ihnen Jesus zur Kreuzigung und sie übernahmen ihn« (Joh 19,14–16). Das Wort »übergab« (Mk 15,15; Mt 27,26; Joh 19,16) ist als richterliches, sofort rechtskräftiges Vollstreckungsurteil zu verstehen.

Eine seltsame Ehre wurde ausgerechnet jenem Mann zuteil, der das Todesurteil Jesu fällte und vollstrecken ließ! Für alle Zeiten wird sein Name in den christlichen Glaubensbekenntnissen festgehalten: »...gelitten unter Pontius Pilatus, gekreuzigt, gestorben und begraben«.

Ecce homo, Ölgemälde von Honoré Daumier (1850)

Seiten 50/51: ▷

Geißelung Jesu: Standfoto aus dem Film »Jesus von Nazaret« (1978), Regie Franco Zeffirelli

Die Kreuzigung Jesu

Kurz ist der Zeitabschnitt, der zwischen dem Begeisterungsruf: »Hosanna, dem Sohne Davids!« (Mt 21,9; Mk 11,9; Joh 12,13) beim Einzug Jesu in Jerusalem liegt und dem Todesbegehren: »Kreuzige ihn!« (Mk 15,12.14; Lk 23,21) am Ende jenes Prozesses, den der römische Prokurator Pontius Pilatus mit dem Todesurteil Jesu abgeschlossen hat. Wie wandelbar können doch wohl zu allen Zeiten Menschenmassen sein, vor allem dann, wenn sie in gekonnter Regie aufgehetzt (Mt 27,20) und mißbraucht werden!

Knapp und sachlich wie in einem Protokoll heißt es nach der Prozeßbeendigung: »Sie führten ihn (Jesus) ab zur Kreuzigung« (Mt 27,31). »Und er trug selbst sein Kreuz« (Joh 19,17). In schrecklicher Erinnerung waren im damaligen Palästina jene Massenkreuzigungen, mit denen sich der römische Feldherr Quintilius Varus im Jahr 4 v. Chr. an etwa zweitausend jüdischen Widerstandskämpfern gerächt hat. An den Ausfallstraßen der jüdischen Hauptstadt ließ er diese Aufständischen gegen die römische Besatzungsmacht kreuzigen – als abschreckendes Beispiel und als blutrünstige Warnung vor neuen Widerstandsaktionen!

◁ *Jesus mit Dornenkrone und Spottmantel: Standfoto aus dem Film »Jesus von Nazaret« (1978), Regie Franco Zeffirelli*

Der Kreuzweg

Kein christlicher Pilger wird es versäumen, jenen Leidensweg Jesu in Jerusalem, auch Via Dolorosa genannt, nachzugehen, der ihm aus seiner heimatlichen Pfarrkirche in Gestalt der vierzehn Kreuzwegstationen vertraut ist. Seit 1967 werden an vielen Stellen des heutigen Jerusalem Grabungen durchgeführt. Sie sollen über die Geschichte, über die oftmaligen Zerstörungen und auch über die riesigen Schuttablagerungen Auskunft geben, über denen das heutige Jerusalem aufgebaut ist.

Nicht alle Einzelheiten über den von Jesus gegangenen Leidensweg vom Prätorium des Pontius Pilatus mit dem Lithostrotos (Joh 19,13) zur Kreuzigungsstätte auf Golgota konnten bei den bisherigen Ausgrabungen geklärt werden. Eines dürfte sicher sein: Der geschichtliche Kreuzweg Jesu »liegt mindestens 15 bis 20 Meter verschüttet unter der Via Dolorosa von heute, wo die Anhäufung von Gesteinsschutt höher ist als sonstwo in der Stadt« (David Flusser). Die Via Dolorosa wird gegenwärtig im Zuge der Restaurierung der Altstadt von Jerusalem erneuert, wobei der Weg mit kleinen Pflastersteinen ausgelegt wird. Wo immer es möglich ist, werden Olivenbäume, Lavendel und Zypressen gepflanzt, die alle im Neuen Testament erwähnt werden.

Die heutige Route des Kreuzweges, die nach den Erkenntnissen der Archäologen mit dem geschichtlichen Leidensweg Jesu weithin übereinstimmt, hat sich erst gegen Ende des Mittelalters herausgebildet. Um das Jahr 1550 ist der Name »Via Dolorosa« bezeugt.

Der Kreuzweg umfaßt insgesamt vierzehn Stationen. Die letzten fünf liegen innerhalb der Grabeskirche (X.–XIV. Station). Von den vierzehn Kreuzwegstationen sind neun der Passionsgeschichte der vier Evangelien entnommen. Die übrigen stützen sich auf alte Überlieferungen der Christengemeinde von Jerusalem.

I. Station:
Jesus wird zum Tode verurteilt.

Das Johannes-Evangelium berichtet in Übereinstimmung mit den anderen Evangelien: »Pilatus übergab Jesus zur Kreuzigung« (Joh 19,16; Mt 27,26; Mk 15,15; Lk 23,25–26). Der heutige Pilgerweg beginnt im Hof der mohammedanischen Omariyah-Knabenschule. Dieser Hof war nach der Überlieferung ein Teil der Burg Antonia.

Bei jeder Kreuzwegstation wird hier in Jerusalem wie in den Pfarrkirchen der Heimat gebetet:

»Wir beten dich an, Herr Jesus Christus, und preisen dich.
Denn durch dein heiliges Kreuz hast du die Welt erlöst«.

II. Station:
Jesus nimmt das Kreuz auf seine Schultern.

Die Evangelien berichten: »Sie führten ihn (Jesus) zur Kreuzigung« (Mt 27,31). »Und er trug selbst sein Kreuz« (Joh 19,17). Der Passionsweg führt über Teile jenes Pflasters, das im Johannes-Evangelium »Lithostrotos« (hebräisch »Gabbatha«) genannt wird (Joh 19,13). Hier steht auch die Geißelungskapelle. Der Weg geht durch einen berühmt gewordenen Rundbogen, der die Straße überwölbt und seit dem 16. Jahrhundert Ecce-homo-Bogen bezeichnet wird. Es handelt sich um einen Teil eines Triumphbogens, der erst unter Kaiser Hadrian (117–138) errichtet worden ist.

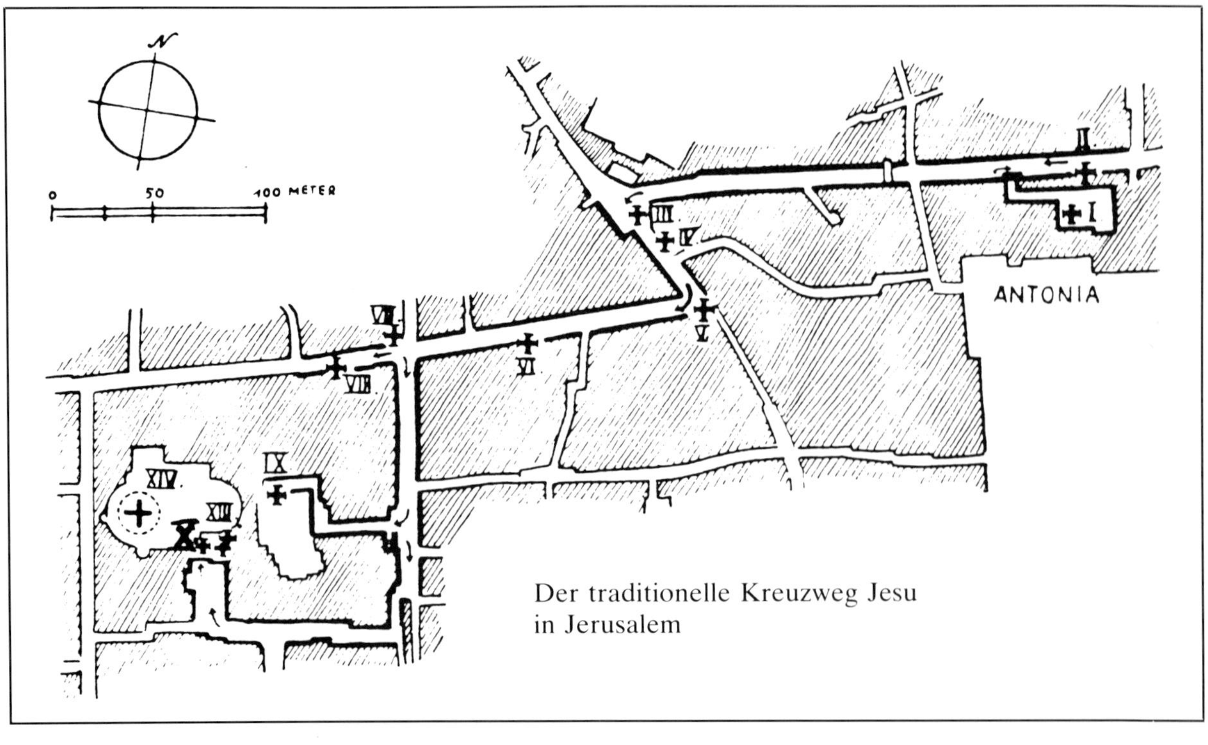

Der traditionelle Kreuzweg Jesu in Jerusalem

Wie aber soll man sich »das Kreuz« vorstellen, das Jesus zum Richtplatz Golgota zu tragen hatte? Die christliche Kunst hat allzu häufig Jesus mit einem glatt gehobelten, aus einem Längs- und Querbalken zusammengefügten Kreuz dargestellt. Der geschichtlichen Wahrheit dürfte es mehr entsprechen, daß Jesus den etwa zwei Meter langen, nur grob zugehauenen und über einen Zentner schweren Querbalken als »Kreuz« zu tragen hatte.

Der senkrechte Kreuzesstamm war meist im Boden der Richtstätte schon eingerammt. Die Kreuzigung Jesu auf Golgota (siehe Bild Seite 65!) vollzog sich so, daß man ihn mit ausgespannten Armen an den Querbalken angebunden oder meist angenagelt hat. Dieser Querbalken mit dem an beiden Händen angenagelten Jesus wurde mit Stricken am senkrechten, fest eingerammten Kreuzesstamm hochgezogen. Der Querbalken wurde auf dem Längsbalken in T-Form befestigt und erst dann wurden die Füße des Verurteilten am senkrechten Kreuzbalken festgenagelt.

III. Station:
Jesus fällt zum ersten Mal unter dem Kreuz.

An der Ecke von der Via Dolorosa zur heutigen King Salomon Street, die vom Jaffator in den modernen Nordteil der Altstadt hereinführt, zeigen eine zerbrochene Marmorsäule und die kleine, polnische Kapelle (1946) jene Stätte an, an der Jesus zum ersten Mal unter der Last des Kreuzes zusammengebrochen ist.

IV. Station:
Jesus begegnet seiner Mutter.

Nur wenige Schritte entfernt – in der heutigen King Salomon Street – wird der Begegnung Jesu mit seiner Mutter Maria gedacht. Während Apostel und Jünger sich in die Anonymität zurückzogen, bekennt sich die Mutter gerade jetzt zu ihrem Sohn. Hier erfüllt sich, was einst der »gerechte und gottesfürchtige« (Lk 2,25) Simeon der Mutter Jesu verheißen hatte: »...deine Seele wird ein Schwert durchdringen« (Lk 2,35).

In der an dieser Stelle erbauten armenisch-katholischen Kirche wird diese Sohn-Mutter-Begegnung als Patrozinium begangen.

V. Station:
Simon von Cyrene hilft Jesus das Kreuz tragen.

Im neutestamentlichen Passionsbericht heißt es: »...sie griffen einen gewissen Simon von Cyrene, der vom Felde kam, und luden ihm das Kreuz auf, damit er es Jesus nachtrage« (Mk 23,26; Mt 27,32; Lk 15,21). Simon von Cyrene dürfte wohl ein vermögender Diasporajude gewesen sein, der aus Cyrene, dem heutigen Tripolis, stammte. Vielleicht ist er als Pilger zum jüdischen Paschafest nach Jerusalem gekommen.

Wenn der Evangelist Lukas schrieb, »er kam vom Felde«, so kann dies durchaus bedeuten, er kehrte von seinem Landhaus in die Stadt Jerusalem zurück. Da im Markus-Evangelium so selbstverständlich und kommentarlos von ihm als dem »Vater des Alexander und Rufus« (Mk 15,21) gesprochen wird, kann angenommen werden, seine beiden Söhne seien in der römischen Christengemeinde, für die das Markus-Evangelium geschrieben wurde, stadtbekannt gewesen (Röm 16,13).

Das Gedächtnis dieses in der Heiligen Schrift bezeugten Ereignisses wird dort begangen, wo der Kreuzweg von der heutigen King Salomon Street nach Westen abbiegt.

VI. Station:
Veronika reicht Jesus das Schweißtuch.

Das Ereignis dieser Station steht gewiß nicht in der Heiligen Schrift. Es ist aber erstaunlich, welch' tiefes und bleibendes Echo gerade die Begegnung Jesu mit Veronika in der christlichen Frömmigkeit und auch in der christlichen Kunst erfahren hat. Eine alte Überlieferung spricht von einer Frau Bereníke (lateinisch: Veronika. Bisweilen wird dieser Name auch zurückgeführt auf »vera« und »ikon«, was bedeutet »wahres Bild«).

Jesus fällt unter dem Kreuz (Joh 19,17):
Holztafelbild (um 1510) von Albrecht Altdorfer (um 1480–1538) aus dem Passionsaltar des Augustiner-Chorherrenstiftes St. Florian

Christus (1926): Tusche auf Papier (16,2 cm × 15,4 cm) von Paul Klee (1879–1940); Paul-Klee-Stiftung, Kunstmuseum, Bern

Mag es sich auch nur um eine außerbiblische Überlieferung handeln, sie vermag doch zu der Glaubenseinsicht zu führen, daß Christus im Antlitz gerade jener, die in seine Nachfolge treten, sichtbar und glaubwürdig aufleuchten will. Eine bescheidene und doch ansprechende Kapelle der »Kleinen Schwestern des Charles de Foucauld« lädt an dieser Stelle ein, über das Jesus-Wort nachzusinnen: »Was ihr dem Geringsten meiner Brüder getan habt, das habt ihr mir getan« (Mt 25,40).

VII. Station:
Jesus fällt zum zweiten Mal unter dem Kreuz.

An der Ecke, wo der traditionelle Kreuzweg die heutige Hauptbasarstraße Suk Khan ez-Seid kreuzt, wird des zweiten Falles Jesu unter der Last des Kreuzes gedacht. Die Überlieferung ist nicht eindeutig, ob Simon von Cyrene nur eine kurze Wegstrecke oder bis an den Fuß des Kalvarienberges das Kreuz getragen hat.

Der Mächtige und der Kreuzträger (1961): Radierung von Josef Hegenbarth (1884–1962)

VIII. Station:
Jesus begegnet den weinenden Frauen.

In der Francis Street wird jenes Ereignisses gedacht, von dem allein das Lukas-Evangelium berichtet: »Eine große Volksmenge folgte ihm (Jesus), auch Frauen, die über ihn klagten und weinten. Da wandte sich Jesus zu ihnen um und sprach: Ihr Töchter Jerusalems, weint nicht über mich! Weint vielmehr über euch selbst und über eure Kinder! Denn siehe, es kommen Tage, wo man sagen wird: Selig die Unfruchtbaren, die Frauen, die nicht geboren und gestillt haben! Dann wird man anfangen, zu den Bergen zu sagen: Fallet über uns! Und zu den Hügeln: Bedecket uns! (Hos 10,8) Denn wenn man dies am grünen Holz tut, was wird dann (erst) mit dem dürren geschehen?« (Lk 23,27–31).

Der ursprüngliche und kürzere Weg nach Golgota ist heute verbaut, so daß man von der achten Kreuzwegstation wieder in die Hauptbasarstraße Suk Khan ez-Seid zurückkehren muß. Auf diesem Umweg gelangt man schließlich zur nächsten Kreuzwegstation, die man über eine Steintreppe am Eingang der koptischen Kirche erreicht.

IX. Station:
Jesus fällt zum dritten Mal unter dem Kreuz.

Ein Säulenrest am Portal der koptischen Kirche kennzeichnet jene Stelle, an der man des dritten Zusammenbrechens Jesu unter der Last des Kreuzes gedenkt.

Seit Jahrhunderten ziehen Pilger den Leidensweg Jesu – hier in Jerusalem wie auch im eigenen Leben. Wie oft werden Menschen durch ihre Lieblosigkeit für andere zu einem Kreuz, das sie mutlos macht, ja zusammenbrechen läßt! Jeder ist von Jesus selbst aufgefordert, das Kreuz seines Lebens, seiner Leiden und Krankheiten, seiner Mißerfolge, Verkennungen und Verfolgungen im Geiste Jesu auf sich zu nehmen. »Wer mir nachfolgen will, verleugne sich selbst, nehme sein Kreuz auf sich, und so folge er mir!« (Mk 8,34)

Die Kreuztragung Jesu Holzschnitt (38,4 cm × 28,3 cm) aus der »Großen Passion« (1496/1499) von Albrecht Dürer ▷

Kreuzweg des Herrn (1951) von Henri Matisse in der Chapelle du Rosaire, Vence

Einen ungewohnten und doch bemerkenswerten Kreuzweg hat Henri Matisse geschaffen. Bewußt wird auf jene Details verzichtet, mit denn sich die Forschungen der Archäologen und Exegeten beschäftigen. Gerade dadurch wird ein Weg in die Innerlichkeit geöffnet, der ein klein wenig von den unerforschlichen Ratschlüssen und von den unergründlichen Wegen Gottes (Röm 11,33) ahnen läßt!

Von der neunten Kreuzwegstation führt der Weg zunächst wieder zurück. Vorbei am Alexandra-Hospiz und an der Erlöserkirche gelangt man schließlich in den gepflasterten Vorplatz der Grabeskirche.

Die weiteren fünf Kreuzwegstationen befinden sich im Innern der Grabeskirche von Jerusalem, die sowohl die Kreuzigungsstätte auf dem Berg Golgota wie auch das Grab Jesu überwölbt. Die interessante Baugeschichte erzählt, daß über die wichtigsten Stätten dieser Gegend, die zur Zeit Jesu sich außerhalb der Stadtmauern von Jerusalem befand, zunächst Einzelkirchen errichtet worden sind – über dem Golgotafelsen, über dem Grab Jesu und über der Stätte der Kreuzauffindung, die mit dem Leben der Kaisermutter Helena verbunden wird. Später wurden diese Einzelkirchen mit Säulengängen verbunden. Erdbeben, wiederholte Brände (vor allem im Jahr 967) und Zerstörungen durch islamische Herrscher (zu nennen ist Kalif Hakim, der 1009 die Grabeskirche dem Erdboden gleichmachte) haben von den früheren Bauten nichts übrig gelassen. In der Zeit der Kreuzzüge wurde eine große Kirche erbaut und 1149 eingeweiht, die das Grundgefüge der heutigen Grabeskirche bildet.

Im Oktober 1808 richtete ein Großfeuer schwere Schäden vor allem in der Grabrotunde an. Wegen der komplizierten Besitzverhältnisse (es gibt keine andere Stätte, an der man die Zerrissenheit der Christenheit stärker und peinlicher spürt, als ausgerechnet in der Grabeskirche in Jerusalem!) kommt es immer wieder zu überaus schwierigen Reparaturkon-

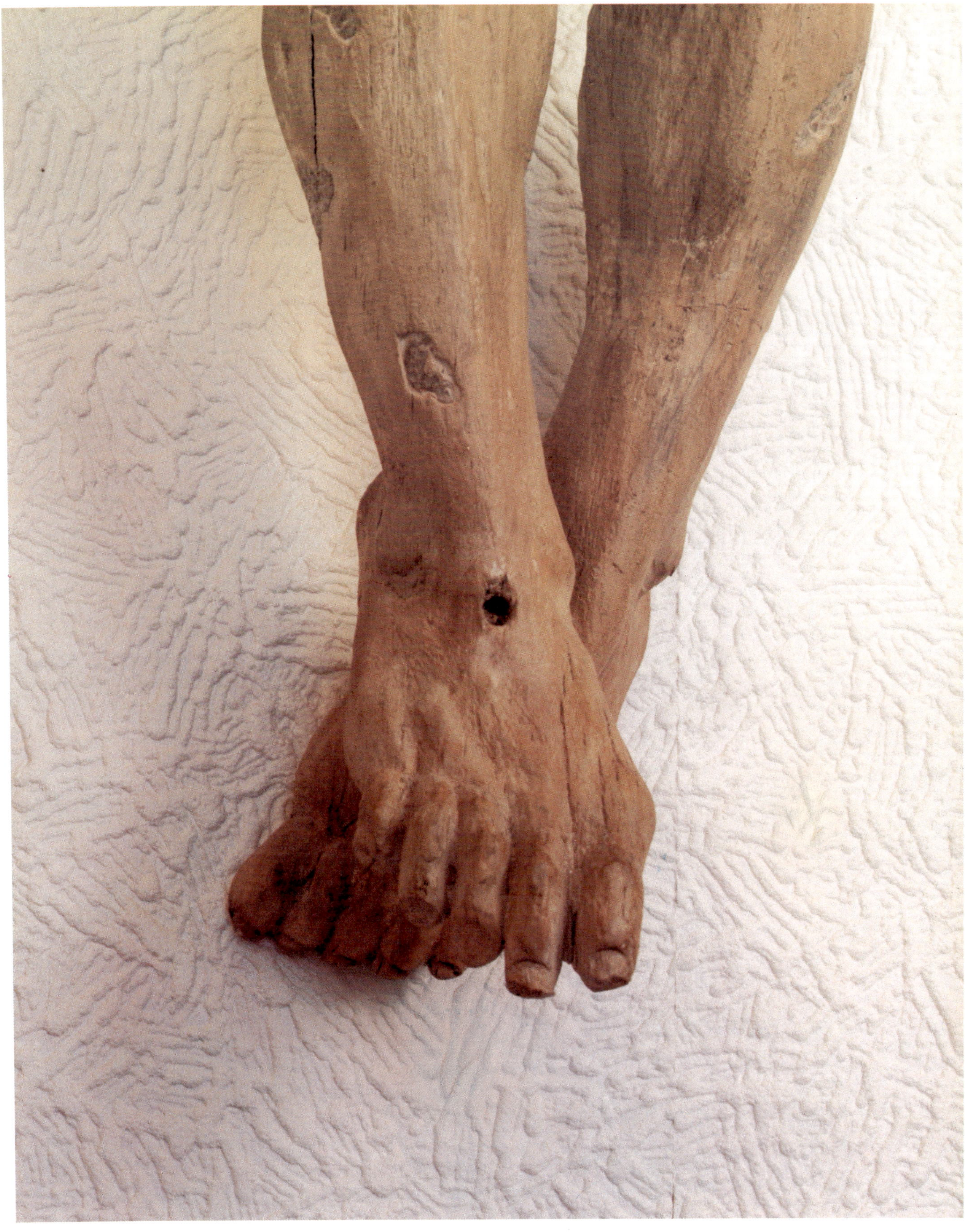

Füße des gekreuzigten Christus (18. Jahrhundert): Detail eines Kreuzes aus Südtirol (Besitz: Anna Hadaller)

ferenzen, auf denen die erforderlichen Ausbesserungsarbeiten wie auch die Finanzierung dieser Aktionen in Form einer »finanziellen Ökumene« abgesprochen werden.

X. Station:
Jesus wird seiner Kleider beraubt.

Im Eingang der Grabeskirche wird der zehnten Kreuzwegstation gedacht. Vor seiner Kreuzigung wurde Jesus (wie die beiden mitgekreuzigten Schächer) seiner Kleider beraubt. Die Leidensgeschichte des Johannes-Evangeliums schreibt dazu: »Als die Soldaten Jesus gekreuzigt hatten, nahmen sie seine Kleider und machten (daraus) vier Teile, für jeden Soldaten einen Teil, und dazu den Rock. Der Rock aber war ohne Naht, von oben angefangen ganz gewebt. Sie sprachen nun zueinander: Wir wollen ihn nicht zerreißen, sondern darum losen, wer ihn bekommen soll – damit die Schriftstelle (Ps 22,19) erfüllt würde: ›Sie haben meine Kleider unter sich verteilt und über mein Gewand das Los geworfen‹. Die Soldaten taten nun so« (Joh 19,23–24).

Heiliger Rock (Tunica Christi) im Dom zu Trier

Von der zehnten Station in der Grabeskirche zu Jerusalem gehen unwillkürlich die Gedanken nach dem fernen Trier, wo im Dom der Heilige Rock (Tunica Christi) aufbewahrt wird. Eine Geschichte der Stadt Trier (»Gesta Treverorum«), um 1101 niedergeschrieben, berichtet, Helena, die Mutter des Kaisers Konstantin, habe den Heiligen Rock nach Trier gebracht.

XI. Station:
Jesus wird an das Kreuz genagelt.

In der Leidensgeschichte nach Markus ist zu lesen: »Es war die dritte Stunde (=9 Uhr), als sie ihn kreuzigten« (Mk 15,25; Mt 27,35).Ergänzend schreibt das Lukas-Evangelium: »...sie kreuzigten ihn dort und die Verbrecher, den einen zur Rechten, den andern zur Linken« (Lk 23,33). Auch die genaue Ortsangabe der Kreuzigung ist überliefert: »Sie brachten ihn zur Stätte Golgota, das heißt übersetzt Schädelstätte« (Mk 15,22; Mt 27,33; Lk 23,33; Joh 19,17).

In der heutigen Grabeskirche von Jerusalem steigt man rechts vom Eingang über eine schmale und steile Steintreppe hinauf zu jenem erhöhten Plateau (Siehe B: Grundriß der heutigen Grabeskirche, S. 68), wo auf einer Fläche von 15 m x 4,5 m die Gedächtnisstätte des Richtplatzes Golgota und des ursprünglichen Kreuzigungsfelsens überbaut ist. Die Forschungen gerade der letzten Jahre (von Christof Katsimibinis) haben in der Grabeskirche den Osthang des Golgotafelsens teilweise freilegen können. Dadurch ist es möglich geworden, von der Spitze bis zum gewachsenen Boden die graue Oberfläche des Kreuzigungsfelsens zu sehen.

Christliche Frömmigkeit und Kunst haben jahrhundertelang die Kreuzigung so verstanden, als sei Jesus an beiden Händen und Füßen zunächst an ein bereits zusammengefügtes, auf dem Boden liegendes Kreuz angenagelt worden. Dann erst habe man dieses Kreuz mit dem angenagelten Verurteilten aufgerichtet und im Boden befestigt. Neue Erkenntnisse sagen, daß man Jesus zunächst

Die Kreuzigung Jesu: ▷
Standfoto aus dem Film »Jesus von Nazareth« (1978), Regie Franco Zeffirelli

mit ausgespannten Armen an einem Querbalken annagelte, dann diesen Querbalken am senkrechten, bereits eingerammten Kreuzesstamm hochgezogen und schließlich den Querbalken über dem Längsbalken befestigt hat.

Mit der Annagelung der beiden Füße am senkrechten Kreuzesstamm wurde die Exekution der Kreuzigung abgeschlossen. Auch darüber haben Mediziner sich Gedanken gemacht, wie die Durchnagelung der Hände Jesu durchgeführt wurde.

Der französische Arzt Pierre Barbet, langjähriger Chefchirurg am Hospital Saint-Joseph in Paris, hat den Nachweis erbracht, daß die Nägel nicht (wie es bei den meisten Kreuzigungsdarstellungen zu sehen ist) durch die Handteller, sondern durch die Handwurzel getrieben worden sind.

Durchnagelung der Handwurzel – Röntgenaufnahmen des französischen Arztes Pierre Barbet (aus seinem Buch: Die Passion Jesu Christi in der Sicht des Chirurgen. Badenia Verlag, Karlsruhe. 1. Auflage 1953, Seite 30). ▽

Eine Bestätigung hat diese medizinische Aussage durch das Leichentuch von Turin erhalten, auf dem sehr deutlich die Durchnagelung der Handwurzel zu erkennen ist.

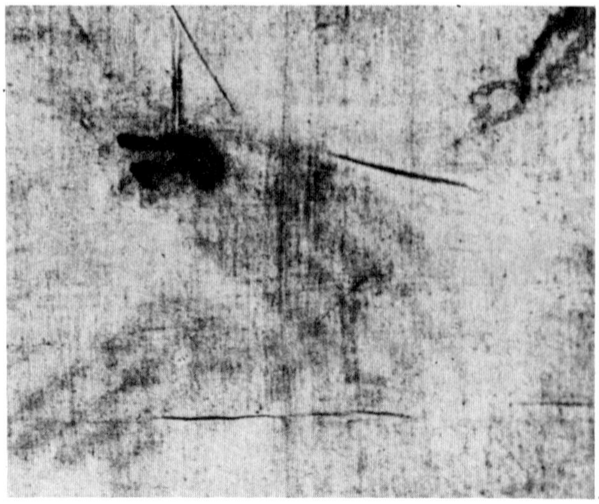

Gewebeausschnitt aus dem Leichentuch von Turin mit der Blutung der Handwurzel (Bild aus Pierre Barbet, a. a. O. 30).

In den vier Evangelien sind jene »sieben Worte« des gekreuzigten Jesus aufgezeichnet, die in den urchristlichen Gemeinden als heiliges Vermächtnis weitergegeben worden sind.

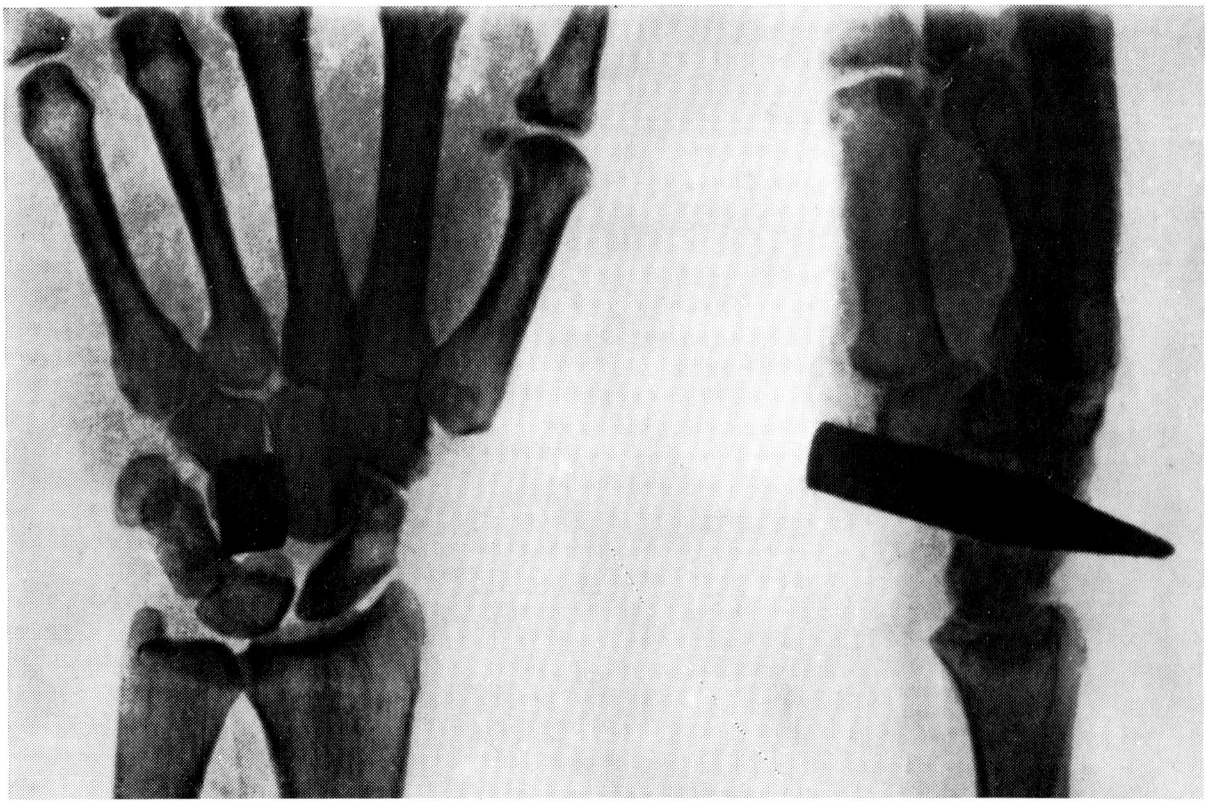

	Mk	Mt	Lk	Joh
1. Wort: »Vater, verzeihe ihnen, denn sie wissen nicht, was sie tun.«	—	—	23,34	—
2. Wort: »Wahrlich, ich sage dir (zum Schächer), heute wirst du mit mir im Paradiese sein.«	—	—	23,43	—
3. Wort: »Frau, siehe deinen Sohn... Siehe deine Mutter.«	—	—	—	19,26f.
4. Wort: »Mein Gott, mein Gott, warum hast du mich verlassen?«	15,34	27,46	—	—
5. Wort: »Mich dürstet.«	—	—	—	19,28
6. Wort: »Es ist vollbracht.«	—	—	—	19,30
7. Wort: »Vater, in deine Hände befehle ich meinen Geist.«	—	—	23,46	—

XII. Station:
Jesus stirbt am Kreuz.

Über den Tod Jesu am Kreuz berichten die Evangelien: »Es war schon um die sechste Stunde (= 12 Uhr), da trat eine Finsternis ein über das ganze Land hin bis zur neunten Stunde (= 15 Uhr), da die Sonne sich verfinsterte. Der Vorhang des Tempels aber riß mitten durch. Und Jesus rief mit lauter Stimme: Vater, in deine Hände befehle ich meinen Geist. Nach diesen Worten verschied er« (Lk 23,45–46; Mt 27,45–50; Mk 15,33–38; Joh 19,28–30).

Die Stätte der Kreuzigung und des Todes Jesu ist im linken Kirchenschiff der Golgotakapelle durch einen Altar gekennzeichnet. Zwischen den Säulen dieses Altartisches bedeckt eine Silberplatte die Felsöffnung, in der nach der Überlieferung das Kreuz Jesu stand.

An der rechten Seite dieses Altars, der im Besitz der orthodoxen Kirche ist, ist eine Felsspalte zu sehen, die sich beim Tod Jesu geöffnet hat: »...die Erde bebte und die Felsen zerbarsten« (Mt 27,51).

Silberplatte über dem Ort der Kreuzigung Jesu

Ursprünglicher Lageplan des Kalvarienberges

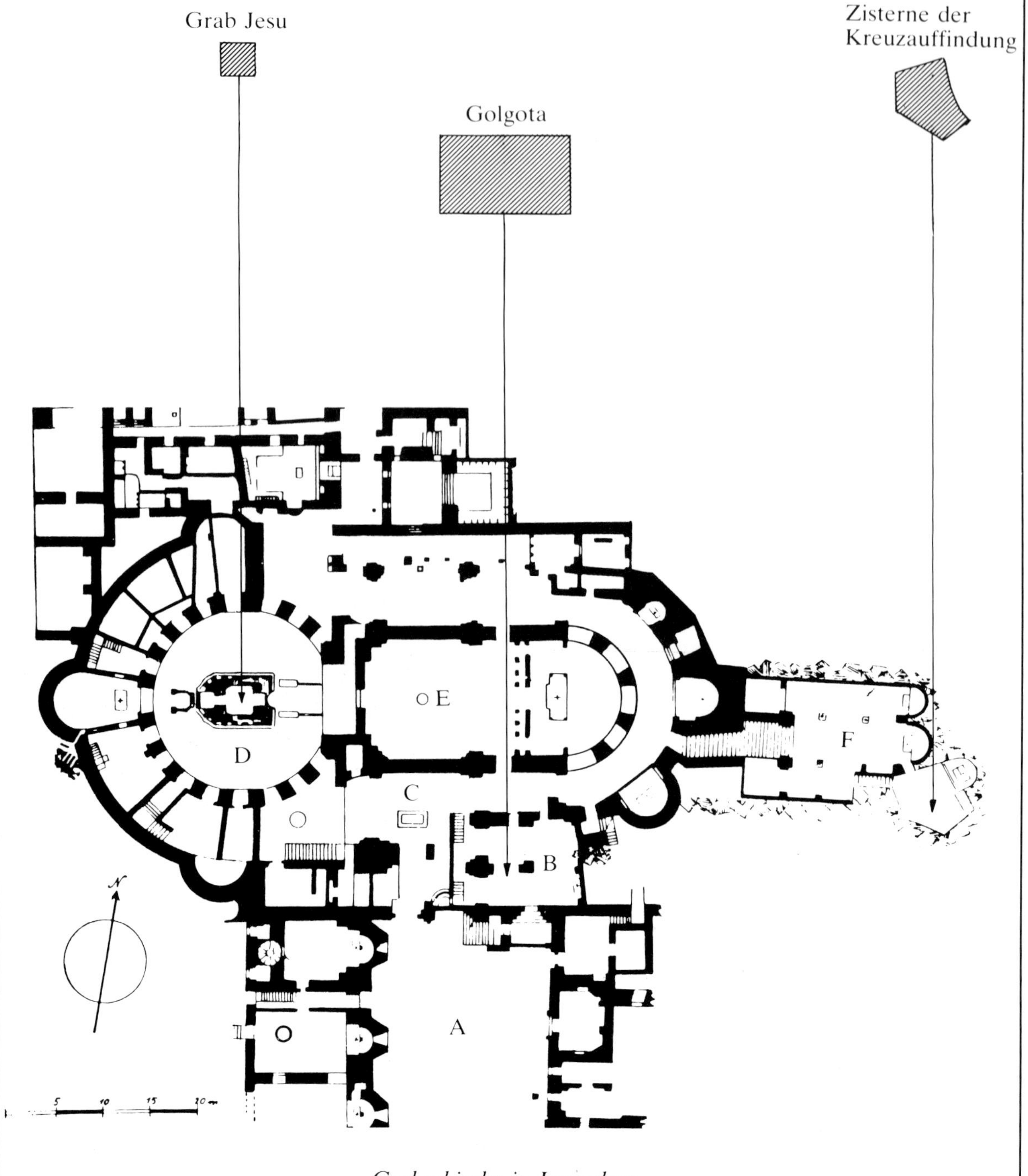

Grabeskirche in Jerusalem

A = Vorplatz der Grabeskirche (17 m x 25 m)
B = Golgota
C = Salbungsstein
D = Rotunde der Grabeskirche
(Durchmesser 19,30 m)

E = Chor der Griechen
(Hauptschiff der ehem. Kreuzfahrerkirche)
F = Kreuz- oder Helenakirche
(mit der Grotte der Kreuzauffindung)

Stabat-Mater-Altar in der Grabeskirche/Golgota von Jerusalem (B), rechts neben dem Altar der Kreuzigung Jesu ▷

ERIS IN PARADISO
SPIRITVM MEVM

Kreuzigung Jesu (Albrecht Dürer)
Beachtenswert ist, daß unter dem Kreuz Knochen und Totenschädel liegen – Hinweise auf die äußeren und inneren Zusammenhänge zwischen der Stätte der Kreuzigung Jesu (Golgota) und dem Grab Adams (Adamskapelle)

Im Zusammenhang mit dem Golgotafelsen ist erwähnenswert die unter ihm liegende Höhle, die Adamskapelle, zu der ein enger, dunkler Gewölbegang führt. Schon sehr früh hat man das Sterben Jesu mit Ereignissen des Alten Testamentes verknüpft. Im Golgotafelsen erblickte man einen Brennpunkt wichtiger Ereignisse. So glaubte man, daß genau unter dem Felsen Golgota der Schädel Adams begraben war. Auf dem Golgotafelsen habe außerdem Melchisedek, der Priesterkönig von Salem, sein Opfer von Brot und Wein dargebracht (Gen 14; Hebr 5,6–10; 6,20; 7,1–3). Ebenfalls auf dem Golgotafelsen, der identisch sei mit dem Berg Moria (Gen 22,2), habe Abraham seinen Sohn Isaak opfern wollen.

Die Auffassung, das Kreuz Jesu sei genau über dem Grab mit dem Schädel Adams entstanden und es sei durch eine Felsenspalte auf den Schädel Adams das Blut Jesu geflossen, hat der christlichen Kunst die Anregung gegeben, am Fuß vieler Kreuzesdarstellungen einen Totenschädel oft mit überkreuzten Knochen anzubringen: Jesus, der Gegen-Adam, hat die Sünde der Menschen durch seinen Kreuzestod getilgt. »Wie durch den Ungehorsam des einen Menschen die vielen zu Sündern geworden sind, so werden durch den Gehorsam des einen die vielen zu Gerechten gemacht« (Röm 5,19).

XIII. Station:
Jesus wird vom Kreuz abgenommen und in den Schoß seiner Mutter gelegt.

Das Johannes-Evangelium berichtet: »Bei dem Kreuze Jesu standen seine Mutter und die Schwester seiner Mutter, Maria, die (Frau) des Klopas, und Maria von Magdala« (Joh 19,25).

In der Golgotakapelle der Grabeskirche erinnert an die Ereignisse der dreizehnten Kreuzwegstation der (Besitz der römischen Kirche) Stabat-Mater-Altar, rechts neben dem Altar der Kreuzigung Jesu. Eine bewegte Geschichte bezeugt die fromme Anteilnahme, die sich in die Leiden der Mater dolorosa, der Schmerzensmutter Maria unter dem Kreuz ihres Sohnes, in Gebeten, Liedern und erschütternden Pietà-Darstellungen vertieft hat.

Zu Beginn des 14. Jahrhunderts hat Jacopone da Todi jenes »Stabat mater« gedichtet, das in immer neuen Übersetzungen und Kompositionen lebendig geblieben ist.

»Christi Mutter stand mit Schmerzen
bei dem Kreuz und weint' von Herzen,
als ihr lieber Sohn da hing.
Durch die Seele voller Trauer,
schneidend unter Todesschauer
jetzt das Schwert des Leidens ging.
...
Drücke deines Sohnes Wunden,
wie du selber sie empfunden,
heilge Mutter, in mein Herz.
Daß ich weiß, was ich verschuldet,
was dein Sohn für mich erduldet,
gib mir teil an deinem Schmerz.«

Pietà an der Pfarrkirche in Gau-Algesheim (Rheinhessen) ▷

Der Leichnam Jesu wird vom Kreuze genommen: Holztafelbild (um 1500) von Albrecht Dürer (1471–1528), Alte Pinakothek, München

XIV. Station:
Der heilige Leichnam Jesu wird in das Grab gelegt.

Über die Ereignisse nach dem Tod Jesu heißt es: »...ein Mann, namens Josef, ein Mitglied des Hohen Rates, ein guter und gerechter Mann ...aus der jüdischen Stadt Arimatäa, der auf das Reich Gottes wartete, ging zu Pilatus und bat um den Leichnam Jesu. Und er ließ ihn (vom Kreuz) herabnehmen, in Leinwand einwickeln und in einem Felsengrab bestatten, in dem noch niemand bestattet worden war. Und es war Rüsttag, und der Sabbat brach (bereits) an. Die Frauen aber, die mit ihm (Jesus) aus Galiläa gekommen waren,

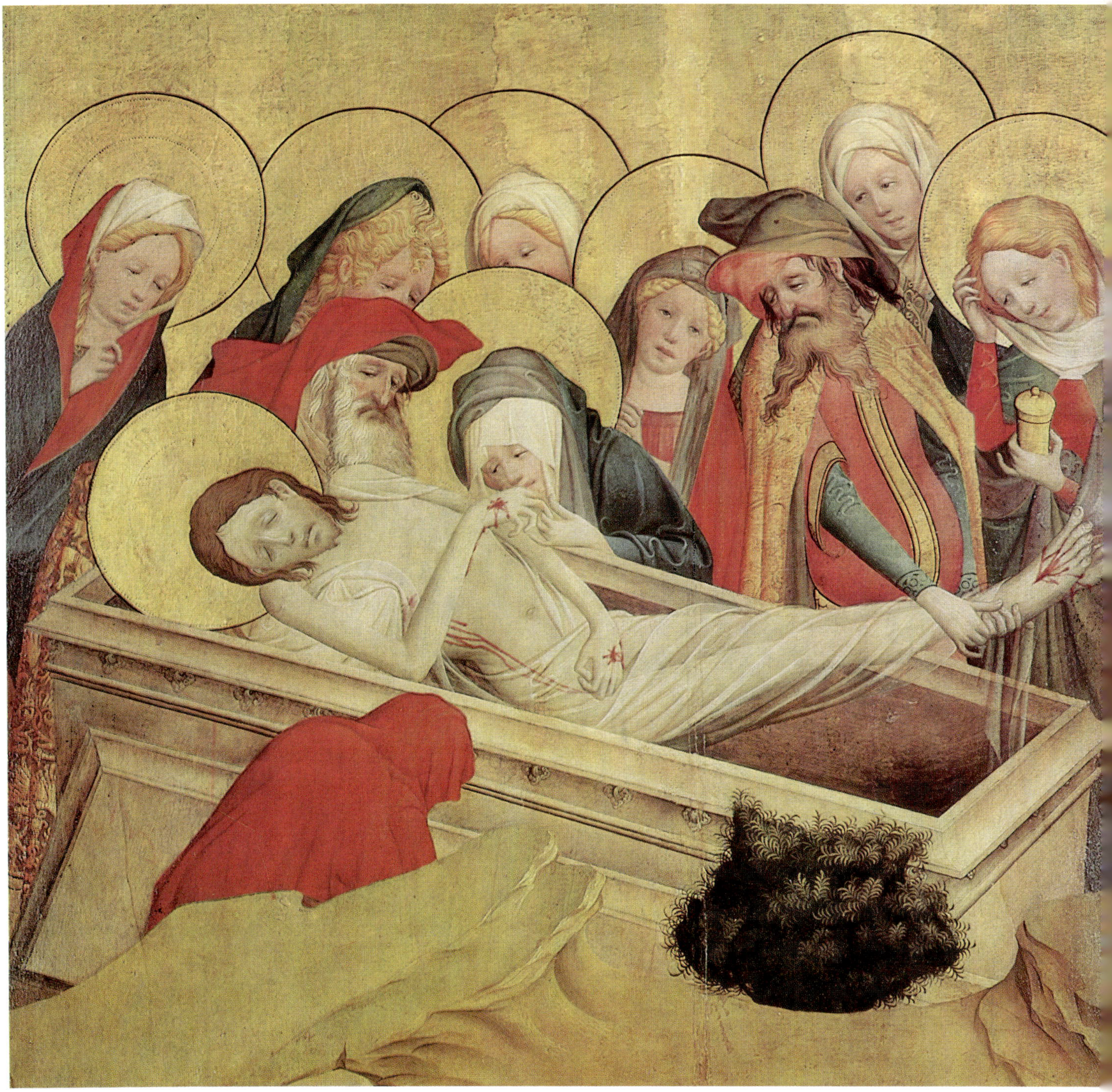

Grablegung Jesu (Joh 19, 40–42):
altdeutsche Tafelmalerei von Frater Francke (um 1380–1430),
Kunsthalle Hamburg

gingen mit, sahen sich das Grab an und wie sein Leichnam beigesetzt wurde« (Lk 23,50–55).

Es gehörte zur ältesten Überlieferung der Urgemeinde von Jerusalem, das Felsengrab in der unmittelbaren Nähe der Kreuzigungsstätte zu kennen und in ihm der Ereignisse der Grablegung wie vor allem der Auferstehung Jesu Christi zu gedenken. Das heutige Grab stammt erst aus dem Jahr 1810. Eine Vorstellung, wie etwa in der Kreuzfahrerzeit das Grab Jesu in Jerusalem ausgesehen hat, vermittelt eine Nachbildung des Heiligen Grabes, die in der Kapuzinerkirche in Eichstätt zu sehen ist.

Es handelt sich um die genaueste und älteste Darstellung des Heiligen Grabes in Jerusalem, die bereits vor dem Jahr 1166 errichtet worden ist.

In die heutige Grabkapelle in Jerusalem gelangt man von der Engelskapelle aus durch eine Türe mit Rundbogen. An der rechten Seite des Innenraumes (2,07 m x 1,93 m) befindet sich jener (heute an der Ober- und Vorderseite mit weißem Marmor verkleidete) Fels (0,66 m hoch; 1,89 m lang; 0,93 m breit), auf den nach der Überlieferung der Leichnam Jesu, eingewickelt in Leinwand (Sindon), gelegt worden ist.

Das Heilige Grab in der Kapuzinerkirche in Eichstätt

Gedächtnisstätte der Salbung und Grablegung Jesu in der Grabeskirche von Jerusalem

Blick vom Vorraum, der Engelkapelle (3,45 m lang, 2,0 m breit), in das Heilige Grab (2,07m lang, 1,93 m breit) ▷

Das Leichentuch von Turin

Wer heute von der Kreuzigung und Grablegung Jesu spricht, muß sich früher oder später der Frage nach der Echtheit jenes Leichentuches (Länge 4,36 m; durchschnittliche Breite 1,10 m) stellen, das sich seit dem Jahr 1578 in der Königlichen Kapelle (zwischen Dom und Königspalast) in Turin und zwar im Besitz des ehemaligen, italienischen Königshauses Savoyen befindet.

Es kann in diesem Buch nicht der streckenweis unbekannten Ursprungs- und Weggeschichte des Leichentuchs von Turin nachgegangen werden. Wohl aber sollen neueste Forschungsergebnisse vorgelegt werden um anregendes und klärendes Material für die persönliche Urteilsbildung zu vermitteln.

In ein weltweites Interesse geriet das Leichentuch von Turin, als es erstmals im Jahr 1898 durch Secondo Pia fotographiert wurde. Vor allem das Negativbild der fotographischen Platte löste eine wahre Sensation aus. Weitergeführt wurden diese Arbeiten durch Giuseppe Enrie im Jahr 1931, die durch neueste Aufnahmen am 16. Juni 1969 und am 4. Oktober 1973 ergänzt wurden. Ohne Übertreibung kann gesagt werden: Mit der Fotographie begann eine neue Phase der Diskussion über das Leichentuch von Turin.

Als erstes Ergebnis konnte festgestellt werden: Das Turiner Tuchbild ist kein Kunsterzeugnis, das etwa im Mittelalter oder noch früher von einem Maler gemalt wurde. Die Untersuchung des Gewebes ergab, daß es sich um handgewebtes Leinen handelt, gewebt in der sogenannten Köperbindung 3:1. Außerordentlich aufregend waren die neuesten Forschungen, die am Fadenmaterial des Turiner Linnens (den beiden unteren Ecken im November 1973 entnommen) durchgeführt worden sind. Sensationell waren die Entdekkungen, die der Kriminologe Dr. Max Frei-Sulzer gemacht hat. Es wurde nämlich Blütenstaub (Pollenkörner) im Gewebe entdeckt.

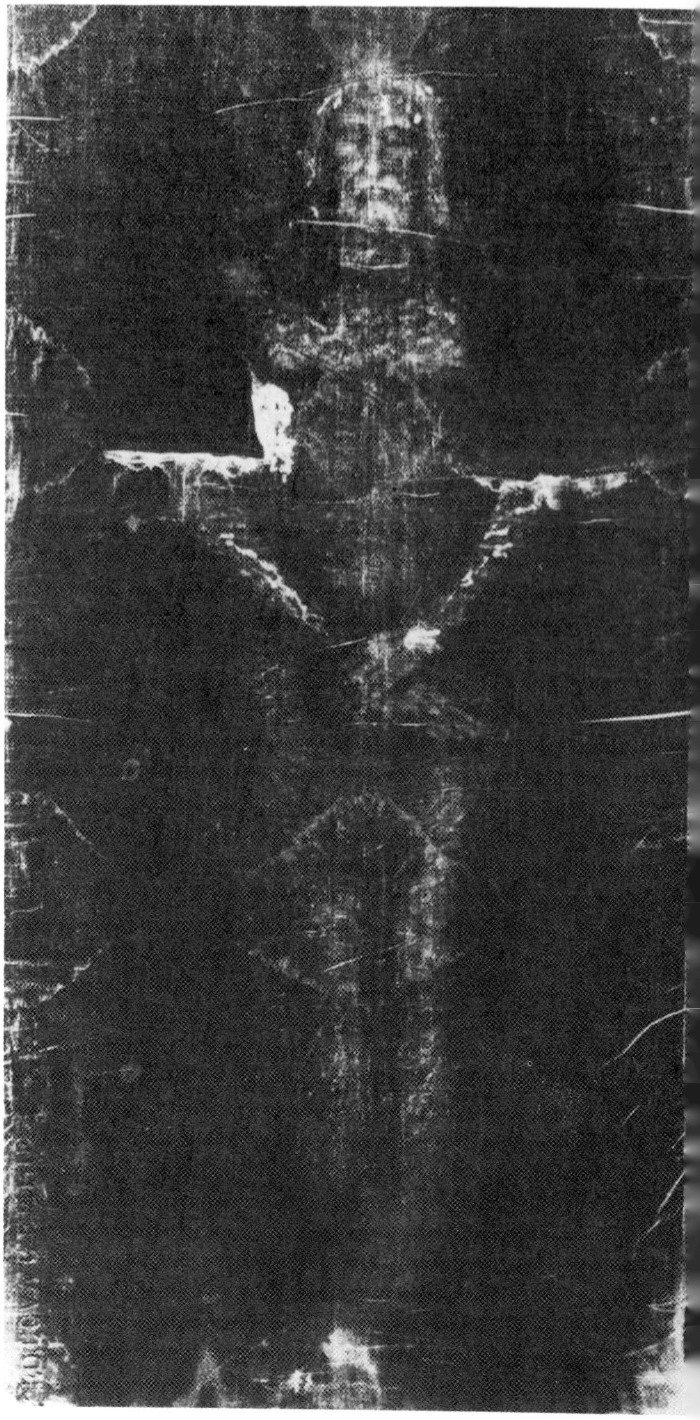

Fotonegativ des Grabtuches von Turin mit der Körpervorderseite eines Gekreuzigten

Deren Analyse ergab: Die unterschiedlichen Pollenkörner stammen von sechs Pflanzenarten, die nur in Palästina wachsen, von einer weiteren Pflanzenart, die in der Türkei (Anatolien), und von acht Pflanzenarten, die im

Mittelmeerbereich (Frankreich, Italien) wachsen.

Der Historiker Jan Wilson (The Turin Shroud. 1978) hat sich intensiv mit der Weggeschichte des Turiner Leichentuches befaßt (wobei er von der Auffassung ausging, das Leichentuch von Turin sei einerseits identisch mit dem Christusbild [Mandylion] von Edessa, andererseits sei es von Tempelrittern nach Europa gebracht worden) und folgende Route des Turiner Leichentuches vorgelegt:

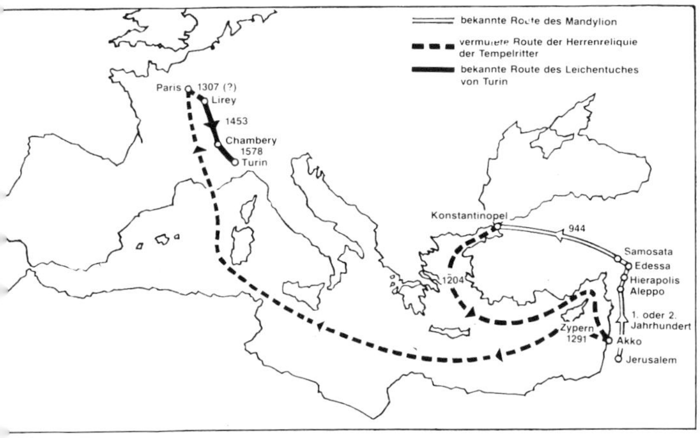

Eine gewisse Bestätigung wenigstens dieser Route kann in dem Gutachten gefunden werden, das der Kriminologe und Mikrospurenforscher Dr. Max Frei-Sulzer vorgelegt hat: »Ich weiß nicht, ob in diesem Linnen die Leiche Jesu Christi eingewickelt war und ob es sich um das gleiche Linnen handelt, von dem im Evangelium die Rede ist. Ich kann jedoch mit Sicherheit behaupten, daß dieses Gewebe aus der Zeit Christi stammt und daß es in Palästina, der Türkei, in Frankreich und schließlich in Italien der freien Luft ausgesetzt war«.

Gewiß sind viele Fragen hinsichtlich der Echtheit des Turiner Leichentuches noch offen. Hingewiesen sei für eine persönliche Vertiefung auf das Werk von Werner Bulst, Das Grabtuch von Turin. Zugang zum historischen Jesus? Der neue Stand der Forschung. Badenia Verlag, Karlsruhe 1978. Was nützte aber das bloße Wissen um die tatsächliche Echtheit des Turiner Leichentuchs, wenn nicht der dankbare Glaube an das Erlösungswerk Jesu Christi sich damit verbindet und zur größeren Treue in der Nachfolge Jesu Christi ermutigt!

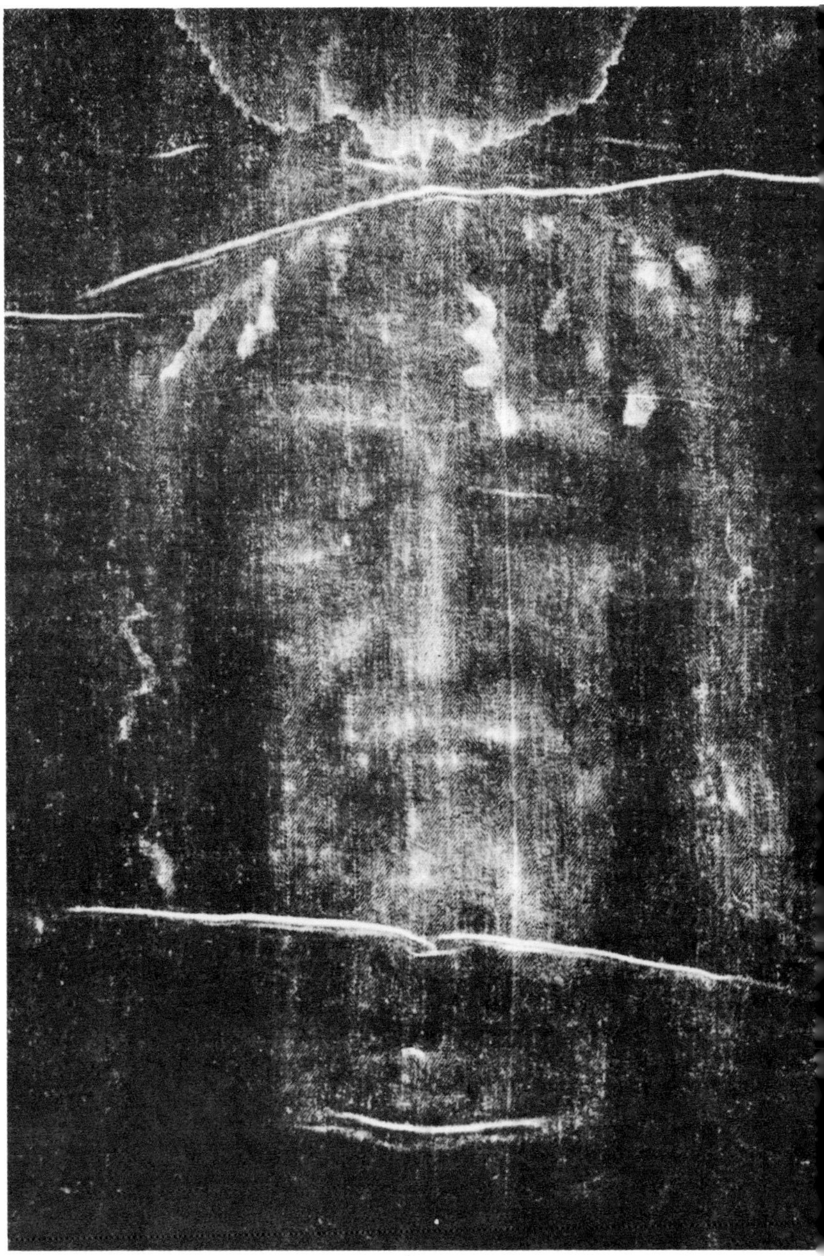

Fotonegativ des Gesichtes auf dem Leichentuch von Turin

Der auferstandene Christus (um 1513–1515): Holzmalerei, Ausschnitt aus dem Isenheimer Altar von Mathis Gothart Neidhart Grünewald (um 1470–1528), Musée d'Unterlinden, Colmar ▷

Das Kreuz – nicht das letzte Wort Gottes

Was wäre geschehen, wenn Jesus von Nazaret am Kreuze gestorben wäre und wenn sich anschließend nichts mehr ereignet hätte?

Nach einer kurzen Aufregung und Enttäuschung seiner Getreuen wäre Jesus vergessen worden und für die Zukunft der Menschheit ebenso bedeutungslos gewesen wie die beiden Schächer, die mit ihm gekreuzigt worden sind. Warum ist es zu einer so mächtigen, immer noch anhaltenden Fortsetzungs- und Wirkungsgeschichte Jesu gekommen? Warum ging, wie man heute so gerne sagt, »die Sache Jesu« weiter?

Ohne Auferstehung Jesu – alles sinnlos!

Was geschehen wäre ohne die Auferstehung Jesu, hat ungeschminkt und unmißverständlich der Apostel Paulus ausgesprochen: »Wäre Christus nicht auferweckt worden, dann ist unsere Verkündigung leer und euer Glaube sinnlos. Wir werden dann auch als falsche Zeugen Gottes entlarvt... Wenn Christus nicht auferweckt worden ist, dann ist euer Glaube nutzlos, und ihr seid immer noch in euren Sünden; und auch die in Christus Entschlafenen sind dann verloren. Wenn wir unsere Hoffnung nur in diesem Leben auf Christus gesetzt haben, sind wir erbärmlicher daran als alle anderen Menschen« (1 Kor 15,14–15; 17–19).

Ohne die Auferstehung Jesu (in den älteren Schichten des Neuen Testaments wird häufig von »Auferweckung« gesprochen) hätte sich sehr schnell der Mantel des Vergessens über eine Kreuzigung gelegt, die in einer Randprovinz des Römischen Reiches geschehen war. Von ihr hätte es kaum Informationen gegeben, die über die Grenzen Palästinas hinaus gekommen wären. Wer hätte auf dem Marktplatz von Athen oder auch dem Forum in Rom davon gewußt, darüber gesprochen? Die Kreuzigung Jesu allein wäre – ein Schlußpunkt gewesen und nicht mehr, – kein neues Kapitel der Menschheitsgeschichte, – kein verheißungsvoller Aufbruch in die Zukunft.

Das Widerfahrnis des auferstandenen Jesus

Der Glaube an die Auferstehung Jesu ist nicht aus den Herzen der Apostel und Jünger gewachsen. Es ist bemerkenswert, daß trotz

der Verheißung Jesu in seinen Leidensweissagungen, er werde »nach drei Tagen auferstehen« (Mk 8,31; 9,31; 10,34; Mt 16,21; 17,23; 20,19; Lk 9,22; 18,33), die Apostel nur mit größter Verhaltenheit darauf reagierten. Aus den Gesprächen der beiden Emmaus-Jünger ist überdeutlich die Enttäuschung herauszuhören, daß »nach all dem (nämlich der Kreuzigung und dem Tod Jesu) bereits der dritte Tag sei, seit dies geschah« (Lk 24,21). Man könne nun nicht mehr mit der Einlösung der Verheißung Jesu rechnen. In den Evangelien werden die Apostel geschildert als Menschen voller Angst, Furcht und Zweifel (Mk 16,8; Mt 28,17; Lk 24,17. 37–38; Joh 20,19).

Wie kamen die Apostel zu ihrem Wissen, zu ihrem Glauben, daß der gekreuzigte Jesus auferstanden ist? Es versagen alle psychologischen Erklärungen, die da meinen, aus den Ängsten und Hoffnungen der Apostel sei so etwas wie eine innere, sich langsam festigende Zuversicht und Tröstung aufgestiegen, die ihnen einredete, Jesus sei »im Geiste« bei ihnen und sie sollten daher ihre eigenen Erfahrungen über Jesus, was er war, was er gesprochen und getan hat, auch anderen mitteilen.

Wer die Evangelien des Neuen Testaments aufmerksam und unvoreingenommen liest, begegnet einem ganz anderen Sachverhalt. Mit Recht hat man von einem »Wider-Fahrnis« oder auch von einem »Zu-Kommnis« gesprochen. Was die Apostel über den auferstandenen Jesus erfahren haben, ist – wenn man so sagen kann – gleichsam gegen ihre Zweifel auf sie zugekommen, ist gegen ihre Bedenken gefahren, hat sie überwältigt, überzeugt. Die Osterberichte des Neuen Testaments »bezeugen ein Zukommnis, das nicht aus dem Herzen der Jünger aufstieg, sondern von außen an sie herantrat und gegen ihren Zweifel sie übermächtigte und sie gewiß werden ließ: Der Herr ist wahrhaft auferstanden. Der im Grabe lag, ist nicht mehr dort, sondern er – wirklich er selber – lebt« (Kardinal Joseph Ratzinger).

Ikone des auferstandenen Christus ▷
in Silberrahmung
an der Innenwand der Grabeskirche

Das Geheimnis des Auferstandenen

War der Auferstandene der Gleiche wie vor seiner Kreuzigung oder war der Auferstandene, weil er nach den Berichten der Evangelien oft nur schwer erkennbar war, ein Anderer? Maria von Magdala hielt den auferstandenen Jesus, der mit ihr sprach, zunächst für »den Gärtner« (Joh 20,15). Die beiden Jünger, die nach Emmaus mit einem unbekannten Mitwanderer gingen und sich stundenlang mit diesem Unbekannten unterhielten, erkannten ihn nicht. »Sie waren wie mit Blindheit geschlagen, so daß sie ihn nicht erkannten« (Lk 24,16). Als Jesus den versammelten Jüngern in Jerusalem erschien, glaubten diese, »einen Geist zu sehen« (Lk 24,37; vgl. Joh 21,4).

Warum hatten selbst die Jünger sichtliche Mühe, im Auferstandenen den ihnen vor der Kreuzigung wohl bekannten Jesus von Nazaret wieder zu erkennen? Wie und wodurch wurden ihnen schließlich die Augen geöffnet? Es gab, wie die Osterberichte der Evangelien belegen, »Zeichen«, so daß den Jüngern »die Augen aufgingen und sie Jesus erkannten« (Lk 24,31). So brauchte Maria von Magdala aus dem Munde des Auferstandenen nur ihren Namen »Maria« (Joh 20,16) zu vernehmen,um aus dem Tonfall herauszuhören: So spricht meinen Namen allein Jesus von Nazaret! Die beiden Jünger brauchten in der Abendstunde in Emmaus nur die ehrfürchtige Geste des Brotbrechens zu sehen (Lk 24,35), um von da an sicher zu sein, der anonyme Mitwanderer ist kein anderer als Jesus von Nazaret.

Die Wundmale an den Händen, Füßen und der Seite des Auferstandenen sind die untrüglichen Zeichen seiner geschichtlichen Existenz und seiner Kreuzigung und daher auch Erkennungszeichen der Identität des Auferstandenen mit dem Gekreuzigten: »Seht meine Hände und meine Füße! Ich bin es. Betastet und seht! Ein Geist hat nicht Fleisch und Bein, wie ihr es an mir seht. Nach diesen Worten zeigte er ihnen seine Hände und Füße« (Lk 24,39–40; vgl. Joh 20,19–29).

Der auferstandene Christus ist der Gleiche und zugleich ein Anderer als der Gekreuzigte. Er ist in seiner Persontiefe der Gleiche wie bis zu seinem Tod und doch ist er in seiner Verklärung als Auferstandener nicht der Gleiche, sondern ein Anderer, weil er nicht in sein früheres, irdisches Leben zurückgekehrt ist wie etwa der auferweckte Lazarus (Joh 11,33–44). Die Wundmale des Auferstandenen sind gewiß Identitätszeichen. Aber sie allein öffnen noch nicht die Augen des gläubigen Erkennens. Auch als Erkannter bleibt Jesus fremd. Nicht ein noch so scharfes Beobachtungsvermögen führt zu Erkenntnis des Auferstandenen. Die Augen gehen allein denen auf, denen sie durch Gottes Gnade geöffnet werden. »Nur, wo e r das Sehen gibt, w i r d er gesehen… Die Erfahrung des Auferstandenen ist etwas anderes als das Zusammentreffen mit einem Menschen dieser unserer Geschichte« (Kardinal Joseph Ratzinger).

Nötigung und Not der Auferstehungsverkündigung

Die Begegnungen und Erfahrungen mit dem Auferstandenen waren für die Apostel und für die »über fünfhundert Brüder« (1 Kor 15,6) so überwältigend, daß sie, auch wegen des ausdrücklichen Auftrages Jesu (Mt 28,19–20; Lk 24,49; Joh 20,21–23; Apg 1,8), darüber nicht schweigen konnten, nicht schweigen durften. Sie standen unter der Nötigung zu sprechen, unter der Nötigung zur Verkündigung. Sie haben das Einmalige und Einzigartige der Auferstehung Jesu, in dem ihnen das nicht mehr ableitbare Handeln Gottes begegnete, als erzählende und in gläubiger Dankbarkeit bekennende Erinnerung der Passion, des Kreuzestodes und der Auferstehung Jesu wiedergegeben und weitergegeben.

Die erfahrene und erinnerte Geschichte erzählten die »Augenzeugen und Diener des

Christus und die beiden Jünger in Emmaus (Lk 24,13–35): ▷
Gemälde auf Holz (1648) von Rembrandt Harmensz van Rijn (1606–1669), Louvre Paris

Seite 84 und 85: ▷
Die Erscheinung des auferstandenen Christus im Kreis der Apostel (Lk 24,36–43): Gemälde auf Holz (1308–1311) von Duccio Buoninsegna (1255–1319), Museo dell'Opera, Siena

Wortes« (Lk 1,2) so, daß mit dieser Erzählung Zukunft verkündet und eröffnet wurde. Gleichzeitig wurde aber Zukunft verkündigt in der Weise der Erinnerung an das Ereignis des Todes und der Auferstehung Jesu. Die apostolischen und urchristlichen Zeugen der Erscheinungen des auferstandenen Christus litten darunter, daß die Nötigung der Osterverkündigung erschwert war durch die Not und Unzulänglichkeit der menschlichen Sprache. In der neutestamentlichen Verkündigung spiegelt sich die schmerzliche Erfahrung wieder, daß die menschliche Sprache mit den ihr zur Verfügung stehenden, aus Raum und Zeit gewonnenen Möglichkeiten und Einsichten zu schwach ist, jenes Ereignis » zur Sprache zu bringen«, das zwar »in« dieser Welt erfahren wurde und das doch »nicht mehr« dieser Welt angehörte. In gegensätzlichen Aussagen – Erkennen und Nichterkennen (Joh 20,16; Lk 24,16.31); Berührungsverbot und Berührungsgebot (Joh 20,17.27) – versuchen die Evangelisten und die urchristlichen Prediger das Nicht-mehr-Faßbare und das mit menschlichen Worten Nicht-mehr-Aussprechbare des auferstandenen Christus wiederzugeben.

Es war gewiß die Not des Sprechenmüssens, unter der die neutestamentlichen Schriftsteller selbst am meisten gelitten haben und mit dem sie nie ganz fertig geworden sind. Wie würde es uns selbst ergehen, wenn wir eine ähnliche Christuserscheinung hätten und versuchten, darüber anderen Menschen eine Mitteilung zu machen?

Mit der Auferstehung Jesu hat die Zukunft begonnen!

Eines fällt beim Lesen der neutestamentlichen Osterberichte auf: Der Weg des Auferstandenen führt nicht aus der irdisch-menschlichen Geschichte heraus. Im Gegenteil: Er führt mitten in die irdisch-menschliche

Die Himmelfahrtskirche auf dem Ölberg (Lk 24, 50–51)
Bereits vor 376 n. Chr. wurde die oktogonale Himmelfahrtskirche auf der Höhe des Ölbergs erbaut (etwa einen Kilometer von Jerusalem entfernt; heute Moschee). Als der achteckige Bau noch als christliche Kirche diente, hatte er keine Decke, damit das Auge in die Richtung blicken konnte, in die der Herr »zum Himmel emporgetragen wurde«. Erst die Mohammedaner haben eine Kuppel aufgesetzt. Im »heiligen Felsen« (80 cm lang, 50 cm breit) des Fußbodens, genau unter der Mitte der einstigen Deckenöffnung, wollen Fußspuren die letzte Stätte des Erdenwandels Jesu andeuten.

Geschichte hinein. Christus ist auferstanden, um von nun an den Seinen noch näher zu sein als vor seiner Kreuzigung.

Der Auferstandene geht bewußt auf die Menschen zu. Er spricht mit ihnen. Er wandert mit ihnen. Er hält mit ihnen Mahl. Er will ihnen nahe sein. Die Erscheinungen des auferstandenen Christus während eines Zeitraumes von »40 Tagen« (Apg 1,3), die bereits im Alten Testament (Gen 7,4; Ex 16,35; 1 Kön 19,8) einen heilsgeschichtlich bedeutsamen Zeitabschnitt bezeichnen, sind letztlich – Einübung der Kirche. Durch sein Erscheinen wie auch durch das Nicht-mehr-Gesehenwerden bewirkt Jesus bei seinen Getreuen einen wichtigen und unerläßlichen Prozeß des Umgewöhnens und des Umdenkens. Jesus Christus, der Auferstandene, entzieht sich immer wieder den leiblichen Augen seiner Jünger, um sie von ihren bisherigen Vorstellungen zu lösen und zu der neuen Denkweise und Erkenntnis hinzuführen: Der Herr ist auch dann in der Mitte der Seinen, wenn er nicht mit leiblichen Augen gesehen wird. Selig, die den auferstandenen Christus nicht sehen und doch an seine Gegenwart und Wirksamkeit in der Gemeinschaft der Glaubenden, – an seine Gegenwart und Wirksamkeit im Wort, in den Sakramenten und in der Diakonie seiner Kirche glauben (Joh 20,29).

Darin besteht die neue Gegenwart und Wirksamkeit Jesu Christi, der durch seine Auferstehung und Erhöhung zum alles versöhnenden und verbindenden Heilsereignis wurde:

Einerseits ist er mitten in seiner irdisch-geschichtlichen Heilsgemeinde und löst damit seine eigenen Verheißungen ein: »Ich bin bei euch alle Tage bis zur Vollendung der Welt« (Mt 28,20) – »Wer euch hört, der hört mich« (Lk 10,16) – »Was ihr für einen meiner geringsten Brüder getan habt, das habt ihr für mich getan« (Mt 25,40).

Andererseits sitzt der Auferstandene als der ewige, menschgewordene, gekreuzigte und verklärte Sohn »zur Rechten des Vaters« (Mt 20,21; Apg 2,33; Eph 1,20; Hebr 1,3; 10,12).

Der auferstandene Christus verbindet und umspannt Himmel und Erde, die Menschen ebenso wie den Kosmos. »Der auferstandene Leib Christi ist eine Verheißung für jeden Stern, für jede Blume, für jedes Molekül und Atom« (Eugen Walter). »Er steht an der Spitze des Alls. Das All hat in ihm seinen Bestand... es hat Gott gefallen, die ganze Fülle in ihm wohnen zu lassen und durch ihn alles mit sich zu versöhnen, was auf Erden und was im Himmel ist, indem er durch sein Blut am Kreuze Frieden stiftete« (Kol 1,17; 19–20).

Zeit und Raum, unsere persönliche Existenz wie das Dasein der ganzen Menschheit sind nur möglich, »weil Christus seine Auferstehungsherrlichkeit hintanhält... Geschichte ist nicht das, was geschehen ist, sondern etwas, was in Gang gekommen ist und auf seinen Abschluß wartet. Alles Geschehene kann noch erfüllt, d. h. in einen höheren Sinnzusammenhang aufgehoben werden« (Erwin Iserloh).

Auferstehung Jesu Christi –
Leben,
Hoffnung,
Friede,
Glück,
Zukunft,
Ewigkeit.

Das Mysterium des Kreuzes in Liturgie und Frömmigkeit

Der spanische Maler Salvador Dali hat im Jahre 1964 in einem leider zu wenig bekannten Zyklus biblischer Bilder auch den Text des Markus-Evangeliums: »Sie kreuzigten ihn...« (Mk 15,24) aufgegriffen und ins Bild gesetzt. Dieses Kreuzigungsbild ist gegenstandslos. Bis auf ein angedeutetes Gesicht, dessen Mund und Augen auf der rechten Bildhälfte des grauen Untergrundes entdeckt werden können, ist auf jedes figürliche Detail verzichtet (Bild: Seite 91).

Der Surrealist Salvador Dali will mit diesem Bild bewußt schockieren. Er will alles andere als ein biblischer Historienmaler sein, der durch ein vielgestaltiges und buntes Panorama fasziniert. Man muß sich mit diesem Bild längere Zeit »einlassen«, damit es wirklich »Einlaß« in seine Aussage und Tiefe gewährt. Dali will einen Prozeß des Denkens, des Nachdenkens, des Betrachtens in Gang setzen. Er blockiert und erschwert den Weg zum Kreuz, um das seit Kindertagen allzu Wohlvertraute zu einem neuen Erschrecken werden zu lassen.

Nur eine dunkle, sich verströmende Blutlache erinnert daran, daß Jesus von Nazaret wie ein gottverlassener Verbrecher am Schandpfahl des Kreuzes gestorben ist. Diese Blutspur ist unauslöschlich tief in das Gedächtnis, in das Leben der Menschen, in die Tiefe der Weltgeschichte eingesickert. Die Menschheit kann seither nicht mehr so tun, als gäbe es dieses verströmte Blut Jesu nicht. Überall dort, wo der Mensch nachdenkt über seine Schuld und wo ihm gleichzeitig bewußt wird, daß ihm Vergebung, Friede und Zukunft neu geschenkt worden sind, kommt diese Blutspur in Erinnerung.

Tut dies zu meinem Gedächtnis!

Das Ereignis, das in einzigartiger Konzentration das ganze erlösende und heilschaffende Wirken Jesu Christi zusammenfaßt und zur Quelle des Heiles werden läßt, ist die Feier der Eucharistie. Eine Kreuzwegandacht erinnert in dankbarem Gebet und in der Ermutigung zur Nachfolge Jesu an das Leiden und Sterben des Herrn. Die Feier der Eucharistie ist mehr als subjektives Erinnern, mehr als psychologisch-dankbare Ver-Gegenwärtigung.

Indem unter den Gestalten von Brot und Wein (in der Gestaltentrennung) der gekreuzigte und (in der Gestaltenvereinigung) der auferstandene Christus geheimnisvoll Gegenwart wird, ist das »Damals« gegenwärtiges »Heute«. Der Benediktiner und Liturgiewissenschaftler Odo Casel (1886–1948) ist nicht müde geworden, mit der Bezeichnung »Mysteriengegenwart«, das alle aus Zeit und Raum genommenen Maßstäbe sprengt, auf dieses Gegenwartsgeheimnis aufmerksam zu machen.

Das 2. Vatikanische Konzil (1962–1965) hat in seiner »Konstitution über die heilige Liturgie« (vom 4. Dezember 1963) richtungweisende Aussagen über das Verständnis, vor allem über die Mitfeier des Meßopfers gemacht. »Unser Erlöser hat beim Letzten Abendmahl in der Nacht, da er überliefert wurde, das eucharistische Opfer seines Leibes und Blutes eingesetzt, um dadurch das Opfer des Kreuzes durch die Zeiten hindurch bis zu seiner Wiederkunft fortdauern zu lassen und so der Kirche, seiner geliebten Braut, eine Gedächtnisfeier seines Todes und seiner Auferstehung anzuvertrauen« (Art. 47). »Die Kirche richtet ihre ganze Sorge darauf, daß die Christen diesem Geheimnis des Glaubens nicht wie Außenstehende und stumme Zuschauer beiwohnen; sie sollen vielmehr durch die Riten und Gebete dieses Mysterium wohl verstehen lernen und so die heilige Handlung bewußt, fromm und tätig mitfeiern, sich durch das Wort Gottes formen lassen, am Tisch des Herrenleibes Stärkung finden« (Art. 48). »Im Kreislauf des Jahres entfaltet sie das ganze Mysterium Christi von der Menschwerdung und Geburt bis zur Himmelfahrt, zum Pfingsttag und zur Erwartung der seligen Hoffnung und der Ankunft des Herrn« (Art. 102). Das Geheimnis der Mysteriengegenwart greift die Sprache der Liturgie immer wieder auf: Heute ist euch der Heiland geboren! – Heute ist der Herr auferstanden! – Heute kommt der Geist Gottes über seine Gemeinde! Wenn wir uns daher ein »gnadenreiches« Weihnachten oder »gesegnete Ostern« wünschen, dann meinen wir damit jenes besondere Angebot der Gnade und des Heiles, das der Gott-Mensch gerade durch seine Geburt bzw. durch seine Auferstehung einem Menschen schenken will.

Patente mit Hostie und Kelch – Gabenbereitung der Eucharistiefeier

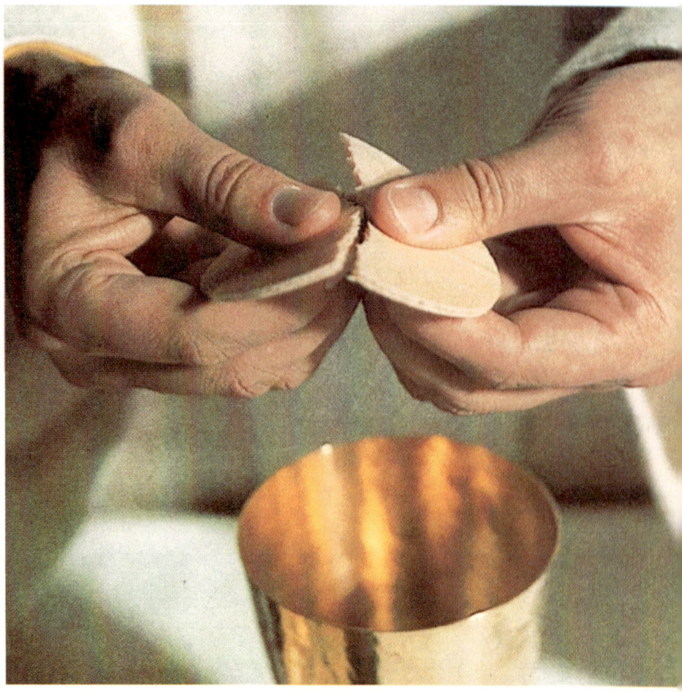

Brechung der Hostie bei der Eucharistiefeier

»Sie kreuzigten ihn...« (Mk 15,24): Aquarell von Salvador Dali (1964) ▷

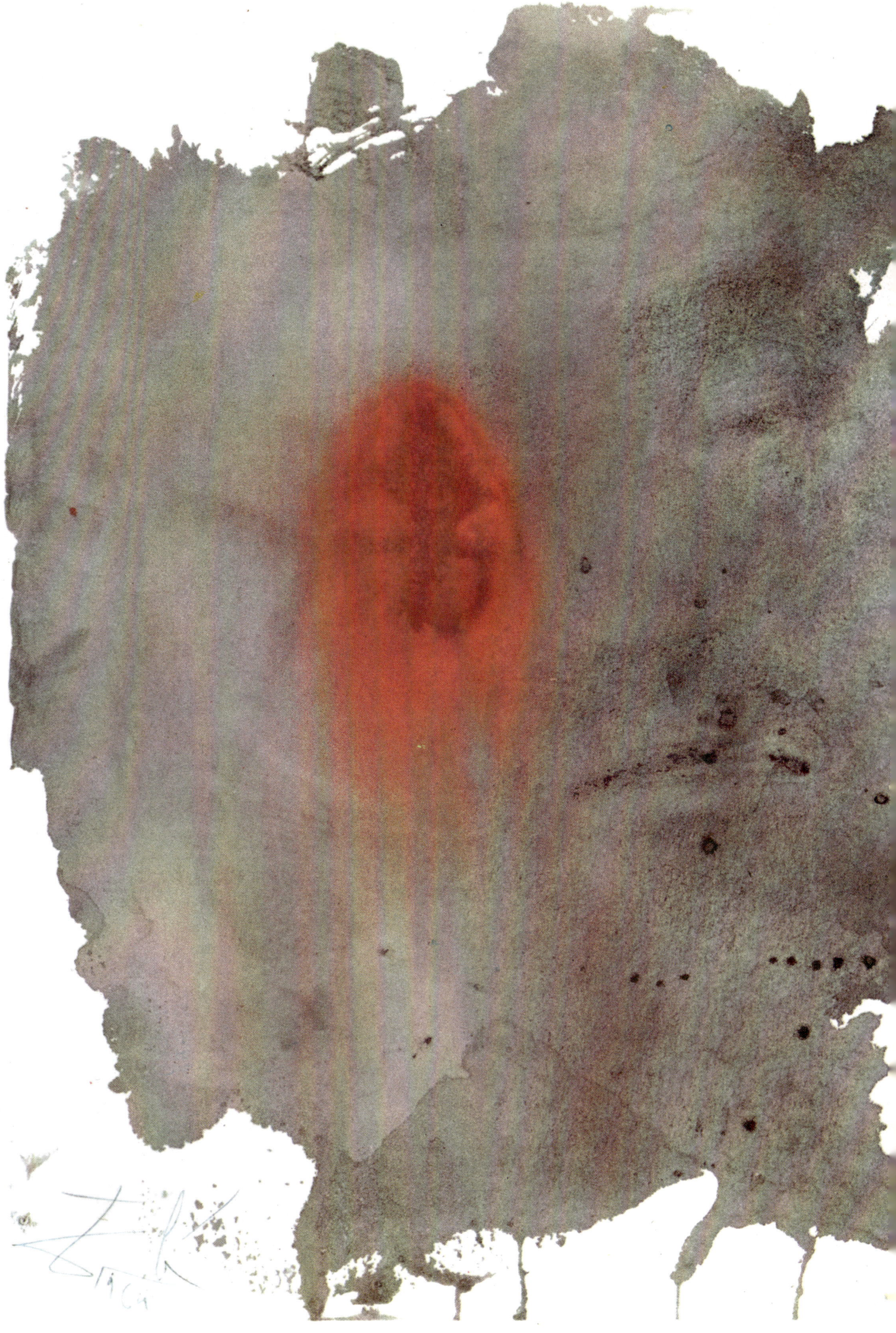

Mysterium und Verehrung des Kreuzes im liturgischen Jahr

Im Laufe des liturgischen Jahres erreicht die Mysteriengegenwart wie die Verehrung des Kreuzes und der Auferstehung Jesu Christi ihren Höhepunkt in der Feier des Pascha-Mysteriums, in dem die drei Tage des Leidens, des Sterbens und der Auferstehung des Herrn zusammengefaßt werden. Diese drei Tage, auch österliches Triduum (Triduum paschale) genannt, das den Gründonnerstag, Karfreitag und Karsamstag (Ostersamstag) zusammenfaßt, sind »die Höhepunkte des ganzen Kirchenjahres« (Grundordnung des Kirchenjahres, abgedruckt im Meßbuch für die Bistümer des deutschen Sprachgebiets).

Viel zu wenig bekannt ist, daß diese drei Kartage aus der Fastenzeit ausgegliedert und der österlichen Zeit zugeordnet wurden. Liturgie und Verkündigung der Kirche wollen ganz bewußt den Tod des Herrn mit seiner Auferstehung verbinden. Man kann den gekreuzigten Jesus nicht gegen den auferstandenen Christus ausspielen, wie man nicht den Karfreitag gegen den Ostersonntag, das Crucifige gegen das Halleluja, die Kreuzestheologie (theologia crucis) gegen die Ostertheologie (theologia gloriae) ausspielen kann.

Über dem Karfreitag und seiner eindrucksvollen Kreuzenthüllung und Kreuzverehrung strahlt bereits die Herrlichkeit des Ostertages auf.

Priester:
Seht das Kreuz, an dem der Herr gehangen, das Heil der Welt (Ecce lignum crucis, in quo salus mundi pependit).

Alle:
Kommt, lasset uns anbeten (Venite, adoremus).

Wie wir im Advent nicht so tun können, als wäre Jesus, der verheißene Messias, noch nicht geboren, so können wir am Karfreitag nicht so reden und beten, als wäre Christus noch nicht auferstanden. Das »Geheimnis des Glaubens« und die das ganze Leben und Wirken Jesu umspannende »Mysteriengegenwart« klingt auf in dem Gebetsruf der Eucharistiefeier:

»Deinen Tod, o Herr, verkünden wir
und deine Auferstehung preisen wir,
bis du kommst in Herrlichkeit«.

Der Reichtum des Pascha-Mysteriums wird im liturgischen Jahr immer wieder angesprochen und aufgeschlossen:

Herz-Jesu-Fest
(am Freitag nach dem 2. Sonntag nach Pfingsten)

Präfation:
»In Wahrheit ist es würdig und recht, dir, allmächtiger Gott, zu danken und dich mit der ganzen Schöpfung zu loben durch unseren Herrn Jesus Christus.
Am Kreuz erhöht, hat er sich für uns dahingegeben aus unendlicher Liebe und alle an sich gezogen. Aus seiner geöffneten Seite strömen Blut und Wasser, aus seinem durchbohrten Herzen entspringen die Sakramente der Kirche. Das Herz des Erlösers steht offen für alle, damit sie freudig schöpfen aus den Quellen des Heiles.
Durch ihn rühmen dich deine Erlösten und singen mit den Chören der Engel das Lob deiner Herrlichkeit: Heilig...«

14. September: Fest Kreuzerhöhung
Schlußgebet:
»Herr Jesus Christus,
du hast am Holz des Kreuzes
der Welt das ewige Leben erworben.
Führe uns durch diese Feier,
in der wir deinen geopferten Leib
empfangen haben,

zur Herrlichkeit der Auferstehung. Der du lebst und herrschest in alle Ewigkeit«.

15. September:
Gedächtnis der Schmerzen Mariens
Gabengebet:
»Barmherziger Gott,
dein Sohn hat uns am Kreuz
die selige Jungfrau Maria zur Mutter gegeben.
In Gemeinschaft mit ihr
feiern wir das Opfer des Lobes.
Schau gnädig auf uns
und nimm unsere Gebete und Gaben an.
Darum bitten wir durch Christus, unseren Herrn«.

Auch in den Votivmessen »Vom Geheimnis des heiligen Kreuzes«, »Von der heiligen Eucharistie«, »Vom kostbaren Blut« und »Vom heiligsten Herzen Jesu« klingt immer wieder das große Thema des Kreuzes und der Auferstehung Jesu Christi an.

Die Kreuzverehrung in der Volksfrömmigkeit

Was die Kirche in der Strenge und Nüchternheit ihrer Liturgie über Kreuz und Auferstehung Jesu Christi verkündet, hat im Laufe der Jahrhunderte ein vielfältiges Echo in der Frömmigkeit des christlichen Volkes erfahren. Christlicher Glaube lebt nicht nur vom Verstand. Er lebt von vertrauten Worten. Er braucht vertraute Zeichen. Es will gerade vor der gekreuzigten Liebe des menschgewordenen Gottessohnes das Herz in stiller Dankbarkeit verweilen.

Der Kreuzweg

Über die Kreuzwegandacht mit ihren 14 Stationen hat Romano Guardini geschrieben: »Ein Doppeltes hat diese Andacht uns zu

Kreuzreliquie in der Heilig-Kreuz-Kirche von Donauwörth

sagen. Einmal lehrt sie uns leibhaftig mitzufühlen, was der Herr gelitten. Wir gehen mit ihm, tragen mit ihm. Da tut sich auf, wie groß die Liebe des Erlösers ist, und wie groß unsere Schuld. Wir lernen bereuen und mögen der Gnade einer tiefinnerlichen Umkehr teilhaft werden. – Dann ein zweites: Der Kreuzweg ist die Schule der Überwindung. Bitterstes Leiden, des Leibes und der Seele, sehen wir den Herrn durchmachen, aber auch durch die Liebe zu Gott und zu uns überwinden. Und wir lernen, mit unserem Schicksal Ähnliches zu vollbringen«.

Der schmerzhafte Rosenkranz

Auch das betrachtende Beten des »schmerzhaften Rosenkranzes« stellt das Christusgeheimnis vor Augen. Es kann mit seinen fünf Gesätzchen als durchbetete Meditation der neutestamentlichen Passionsgeschichte angesehen werden:

»Der für uns Blut geschwitzt hat«.
»Der für uns gegeißelt worden ist«.
»Der für uns mit Dornen gekrönt worden ist«.
»Der für uns des schwere Kreuz getragen hat«.
»Der für uns gekreuzigt worden ist«.

Ölbergandachten

Neben den Andachten zu den fünf Wunden und über die sieben Worte Jesu am Kreuz sind es in der Fastenzeit (Quadragese) vor allem die Ölbergandachten gewesen, die der Sehnsucht nach dem schauenden Verweilen gerade des einfachen Volkes entgegengekommen sind. Bis in unsere Gegenwart herein gibt es – wenn sie nicht durch eine allzu eifrige, liturgische »Tempelreinigung« beseitigt worden sind – bildhafte Ölbergandachten (z. B. in der St. Ägidiuskirche in Gmund am Tegernsee). Es wurde vom Hochaltar meist das Altarblatt herausgenommen oder mit einem violetten Tuch verhängt. Das Geschehen im Garten Getsemani wurde als eine Miniatur-Passionsspiel vorgeführt: Christus als lebensgroße, bewegliche Figur, die den Kopf zum Gebet neigen und die Hände falten konnte. Der tröstende Engel mit einem Kelch konnte in diese Ölbergszene von oben herabschweben.

Eine dramatische Form haben die (seit 1680 nachweisbaren) Ölbergandachten an den Donnerstagen der Fastenzeit in der Franziskanerkirche zu Dietfurt. Das figürliche Ölbergsspiel auf der Altarbühne mit Kulissen der Stadt Jerusalem und des Gartens Getsemani wird umrahmt von Fastenpredigt, Litanei, Chor- und Volksgesang. Liturgische Eiferer mögen an solchen barocken Veranschaulichungen und Demonstrationen Anstoß nehmen. Und doch wird immer deutlicher, daß der Christ als Leib-Seele-Wesen auch und gerade leibhaftige und einprägsame Zeichen für das Wachsen und Reifen seines Glaubens braucht. Sollte man sich als Erwachsener schämen, daß man als Kind fasziniert war von solchen dramatisch-figürlichen Ölbergandachten wie vom Heiligen Grab mit seiner Kerzenfülle, seinen farbigen Glaskugeln, dem Abbild des Leichnams Jesu und der mit einem weißen Schleier verhüllten Monstranz?

Passionsspiele

Auch Passionsspiele – am bekanntesten ist das Oberammergauer Passionsspiel (seit dem Pestgelübde 1633) – wollen in ihrer letzten Intention, die leider bisweilen überlagert wird durch lukrativen Tourismus, die Bühne zum Forum der Kreuzesverkündigung machen. Sie stehen unter der Last einer geradezu erdrükkenden Verantwortung, nämlich die christlichen Heilsmysterien im Schauspiel mit einer Dauer von fast sechs Stunden darzustellen.

Passionsspiele wollen Dienst am Wort Gottes, gleichzeitig auch Dienst am Glauben der Zuschauer sein. Sie sind ebenso Bekenntnis des Glaubens wie Provokation des Glaubens. Sie wollen in eine Welt der religiösen Gleichgültigkeit und des schleichenden Glaubensabfalls die Botschaft der Erlösung durch den gekreuzigten und auferstandenen Christus hineintragen – die Botschaft der neuen Hoffnung, der neu gewagten Liebe und eines Friedens, den die Welt nicht geben kann.

Das Kreuz im Wandel der christlichen Kunst

Das Kreuz Jesu Christi ist die immerwährende Anfrage Gottes an die Menschen. Es ist (vor allem in seiner künstlerischen Gestaltung) gleichzeitig auch der Versuch der Menschen, auf diese Anfrage Gottes aus den Nöten und Erfahrungen wie auch mit den Darstellungsmöglichkeiten ihrer Zeit eine Antwort zu geben. Die Kreuzesdarstellungen der christlichen Glaubensgeschichte sind verflochten mit dem Christusverständnis der Theologie, der Literatur, der Frömmigkeit einer Epoche. Sie wollen die biblische Botschaft, im Kreuz und in der Auferstehung Jesu Christi werde der ganzen Menschheit Heil und Zukunft angeboten, im Sorgenkatalog wie im künstlerischen Ausdrucksvermögen einer sich wandelnden Zeit aktualisieren. Verständnis, aber auch Mißverständnis der biblischen Kreuzesbotschaft kann in den unterschiedlichen Kreuzesdarstellungen einer fast zweitausendjährigen Geschichte aufscheinen.

Das Kreuz als Zumutung

Der gekreuzigte Christus war, wie es der Apostel Paulus bezeugt, »für Juden ein empörendes Ärgernis, für Heiden eine Torheit« (1 Kor 1,23). Die griechischen und römischen Mythen und Religionen präsentierten strahlende Götter. Der von den Christen verkündete und verehrte Retter und Heiland, der als politischer Verbrecher hilflos am Galgen gestorben ist, mußte für künstlerisch übersensible Bewohner Griechenlands und Roms als unerhörter Skandal, als Affront gegen ihren gepflegten Lebensstil empfunden werden. Ein Gekreuzigter soll Gott, Erlöser der Menschheit sein?

Es ist daher keineswegs verwunderlich (auch auf Grund der überaus prekären politischen Verfolgungssituation), wenn es lange Zeit dauerte, das Wort vom Gekreuzigten auch »im Bild erscheinen« zu lassen. So fest auch der christliche Glaube an den Gekreuzigten war, es dauerte manches Jahrhundert, bis das Zeichen des Kreuzes in Marmor, Bronze, Holz oder auf Gemälden in der Öffentlichkeit gezeigt werden konnte.

In der Geheimen Offenbarung des Johannes, die im letzten Jahrzehnt des apostolischen Jahrhunderts niedergeschrieben wurde, ist von einer liturgisch anmutenden Verhöhnung des Gekreuzigten und Auferstandenen berichtet. Es wird berichtet von der Anbetung des Tieres, »dessen Todeswunde geheilt ist. Es kann große Zeichen tun... Es wurde ihm Macht gegeben, dem Bild des Tieres Atem einzuhauchen, so daß es auch zu sprechen begann; und es wurde ihm Macht gegeben, alle zu töten, die das Bild des Tieres nicht anbeten wollen« (Offb 13,12–13,15).

Diese Verhöhnungsszene erinnert an jenes Spottkruzifix, das wohl im 3. Jahrhundert auf eine Wand auf dem Palatin in Rom eingeritzt wurde: ein Gekreuzigter mit einem Eselskopf und den Worten: »Alexamenos verehrt Gott«.

Spottkruzifix: Rom (3. Jahrhundert)

Das Kreuz im Glanz der Herrlichkeit

Das Kreuz ist für Christen das Zeichen der Erlösung, gleichzeitig auch das Zeichen des Bekenntnisses und des Sieges.

***»Der Tod ist verschlungen in den Sieg.
Wo ist dein Sieg, o Tod?...
Laßt euch nicht wankend machen
und seid allezeit voll Eifer im Werke
des Herrn!«***

(1 Kor 15,54–55.58)

Die Sicht des Triumphkreuzes hat sich nach Beendigung der Christenverfolgung durch Kaiser Konstantin den Großen (Beginn des 4. Jahrhunderts) mehr und mehr durchgesetzt. Aus der Dunkelheit und Ungewißheit der Katakombenzeit wurde die christliche Gemeinde durch den Herrn herausgeführt. Das Kreuz wird zum Trophäenzeichen, das den Tod überwindet. Es wird zum Orientierungszeichen, das den neuen Sinn des Lebens in Zeit und Ewigkeit markiert.

In einer Vielzahl von Kuppelmosaiken, etwa im Mausoleum der Galla Placidia in Ravenna (um 450) oder in dem eindrucksvollen Mosaik, das in der Apsis von Sant'Apollinare in Classe/Ravenna (um 532–536) aufleuchtet, ist das Kreuz der Zeit entrückt. Es ist umstrahlt von einer Sternenfülle – Sinnbild der Aufnahme Christi in die himmlische Herrlichkeit. Die Kreuzesbotschaft (theologia crucis) wird überstrahlt von der Auferstehungsherrlichkeit (theologia gloriae). Christus wird zum Pantokrator, »der Frieden gestiftet hat durch das Blut seines Kreuzes« (Kol 1,20).

Das einst skandalöse Kreuz wird mit dem Beginn des »konstantinischen Zeitalters« zum Hoffnungs- und Zukunftszeichen, das den Weg des Friedens und des Glückes kennzeichnet: »...meinen Frieden gebe ich euch. Nicht wie die Welt ihn gibt, gebe ich ihn euch« (Joh 14,27). Nachdem die Kirche mit Christus in den Zeiten der Verfolgung gelitten hatte und ihre Mitglieder die Verheißung Jesu erfahren mußte: »Haben sie mich verfolgt, so werden sie auch euch verfolgen« (Joh 15,20), so weiß sie sich jetzt von der Verheißung getragen, mit dem Herrn auch in seine Herrlichkeit einzugehen (Lk 24,26).

In dieser Zeit entstehen Kreuzesdarstellungen, die nicht mehr einen blutüberströmten Gekreuzigten zeigen, sondern die besetzt sind mit funkelnden Edelsteinen (sogenannte Gemmenkreuze, abgeleitet von dem lateinischen Wort »gemma« = Edelstein) oder die das Osterlamm mit dem Siegeszeichen zeigen.

In der gleichen Zeit, da man das Kreuz im Glanz der österlichen und eschatologischen Herrlichkeit den Gläubigen aufzeigte, konnte man es sich »leisten«, mit der Wortverkündigung der Erlösung die Bildverkündigung des Gekreuzigten zu verbinden. Eine der ältesten Darstellungen, die den gekreuzigten Christus zeigt, findet sich als Innenvertäfelung (Paneel) an der Holztüre von Santa Sabina sull'Aventino in Rom (Bild: Seite 99).

Für eine umfassende Information über die Gestaltung des Kreuzes in der frühchristlichen Zeit kann mit großem Gewinn herangezogen werden F. van der Meer – Christine Mohrmann, Bildatlas der frühchristlichen Welt. Gütersloh 1959, 141–145, wo sich neben ausgezeichnetem Bildmaterial auch eine mustergültige Interpretation findet.

Der Leidenskönig am Kreuz

Eine ganz andere kirchenpolitische und frömmigkeitsgeschichtliche Situation spiegelt sich in den Kreuzesdarstellungen des Mittelalters wieder. Dem abendländischen Christen war es ein gewohntes Bild, daß Kaiser, Könige und Fürsten ihre Kronen mit dem Kreuz

Älteste Darstellung der Kreuzigung Christi: Santa Sabina, Rom (3. Jahrhundert)

schmückten. Die Krone war nicht mehr Zeichen der heidnischen und kirchenfeindlichen Macht (Offb 13,1–18), sondern Zeichen jener Herrschaft, die mit Christus gerade am Kreuz begonnen hat: »Wenn ich von der Erde erhöht bin, werde ich alle an mich ziehen« (Joh 12,32). Seine Königsherrschaft hat Christus, wie es besonders eindrucksvoll im Zeremoniell der mittelalterlichen Kaiserkrönung sichtbar wird, irdischen Herrschern übertragen (Röm 13,1–7).

Der Reichsapfel mit dem Kreuz, der bei der Kaiserkrönung (Ordo coronationis) überreicht wurde, ist Zeichen der Weltherrschaft im Auftrag und im Geiste Christi. Er ist »wegen seiner Kugelform ohne Anfang und ohne Ende (initio carens et fine), wie das Göttliche, Ewige ohne Anfang und ohne Ende: ein Zeichen der ewigen, unendlichen Barmherzigkeit (Ps 102,17), der das ewige Reich versprochen ist (Mt 5,7). Diese Hand der Barmherzigkeit soll der Kaiser ausstrecken, um Bedrückten zu helfen und Elende zu trösten« (Eduard Eichmann). Vgl. dazu Jürgen Abeler, Kronen. Herrschaftszeichen der Welt. Düsseldorf–Wien 1973^2!

Wie sehr das Kreuz Christi, einst Zeichen des Ärgernisses und der Torheit (1 Kor 1, 23), mit der Macht und dem Prunk irdischer Kaiser verbunden wurde, zeigt beispielhaft das sogenannte Lotharkreuz (Schatzkammer des Domes zu Aachen). In ein mit Edelsteinen übersätes Kreuz wurde (um 1000) eine römische Augustus-Kamee (aus dem 1. Jahrhundert) eingefügt. Vor aller Welt sollte damit dokumentiert werden: die deutschen Kaiser sind – von Gottes Gnaden – die legitimen Nachfolger der römischen Kaiser. Ein ganz neuer Akzent wird sichtbar: In der Schnittfläche der beiden Kreuzbalken – das Bild des Kaisers.

Diese kirchenpolitischen Zielsetzungen, die sich überdeutlich im Reichsapfel oder auch im Lotharkreuz »ausdrücken«, hatten auf die Kreuzesdarstellungen der gleichen Zeit eine spürbare Auswirkung. Das Passionsthema wird überstrahl vom Majestas-Ausdruck (majestas = Herrschaft). Die Dornenkrone wird durch das Königsdiadem ersetzt. Im Christusbild des Leidenskönigs der romanischen Kunst ist greifbar geworden, was gleichzeitig ein Rupert von Deutz (1070–1135), Otto von

◁ *Reichsapfel – Sinnbild der christlichen Weltherrschaft (die Reichsinsignien – Reichskrone, Reichsschwert und Reichsapfel – befinden sich heute in der Hofburg/Wien)*

Freising (1112–1158) oder die große Hildegard von Bingen (1098–1179) in ihren Büchern über den himmlischen Hof mit der Majestas Domini im Mittelpunkt niedergeschrieben haben.

Im »kaiserlichen« Christusbild der romanischen Kunst wird deutlich, wie sehr die geistesgeschichtliche, politische und soziologische Atmosphäre das Klima für ein ganz bestimmt akzentuiertes, gegenüber den neutestamentlichen Passionsberichten sicherlich verfremdetes Kreuzesbild geschaffen hat. Vom Kaiser ging der Blick hin zu Christus und wiederum ging der Blick von Christus hin zum Kaiser.

Der Schmerzensmann am Kreuz

Wenn man vom Christkönig der Romanik zum Schmerzensmann der Gotik schaut, stellt man unwillkürlich die Frage: Was ist im Hochmittelalter, also an der Schnittstelle von der romanischen zur gotischen Kunst, im Leben und Glauben wie in der Frömmigkeit der damaligen Menschen »passiert«, daß ein so tiefgreifendes Unbehagen mit dem überlieferten Christusbild aufbrach und ein ganz anderes Christusbild gesucht und geliebt wurde?

Eine neue Frömmigkeit, wie sie etwa Bernhard von Clairvaux (1090–1153) vorgelebt und auf seinen Reisen durch fast ganz Europa seinen Zuhörern gepredigt hatte, stellte den menschgewordenen Erlöser in den Mittelpunkt. Man wollte nicht einen fernen, über den Wolken thronenden Christkönig. Man ersehnte einen Christus, der seine Majestät abgelegt hat und den Menschen in ihren Nöten und Bedrängnissen nahe ist. »...der selbst unter Versuchungen gelitten hat ... aus den Menschen genommen und für die Menschen in ihren Angelegenheiten bei Gott bestellt ist ... der mit Unwissenden und Irrenden mitfühlen kann, weil er selbst mit Schwachheit behaftet ist« (Hebr 2,18; 5,1–2). »...der sich entäußerte, Knechtsgestalt annahm und den Menschen gleich wurde« (Phil 2,7).

Man sollte sich erinnern, daß in der Zeit der Gotik durch die Kreuzzüge das Leben, gerade das Leiden und Sterben Jesu im Abendland mehr als je zuvor bekannt geworden ist. In den Kreuzwegandachten und in der Heilig-Kreuz-Verehrung haben die Kreuzzugserlebnisse bis zum heutigen Tag weitergewirkt. Nicht zuletzt war es Franziskus von Assisi (1182–1226), der durch sein Beispiel die Menschen seiner Zeit für den armen, gekreuzigten Jesus geradezu faszinierte.

Durch seine Stigmatisation wurde er zum lebendigen Christuszeichen, das hinführte zum leidenden, sühnenden und opfernden Erlöser. Die schmerzdurchzuckten Christusbilder und die blutüberströmten Vesper- und Pietàdarstellungen der Spätgotik offenbaren eine ganz neue Nähe zum gekreuzigten Christus. Einer Zeit, die von Pest und Seuchen heimgesucht war, mußte eine Christkönigsbild fremd sein. Die Menschen suchten Trost in ihrem Leid. Diesen Trost fanden sie im Schmerzensmann am Kreuz.

In dem Text »Salve cruentatum«, den vor 1250, der Epoche der Gotik, Arnuld von Löwen gedichtet hat, kommt überaus deutlich die damalige Frömmigkeitshaltung zum Ausdruck. Dieses gotische Leidenslied bildete die Grundlage des Passionsliedes, das 1656 Paul Gerhardt gedichtet hat und seither zum gemeinsamen Besitz aller Christen gehört:

»O Haupt voll Blut und Wunden,
voll Schmerz und voller Hohn.
O Haupt zum Spott gebunden
mit einer Dornenkron.
O Haupt, sonst schön gekrönet
mit höchster Ehr und Zier,
jetzt aber frech verhöhnt:
gegrüßet seist du mir«.

Lotharkreuz: Domschatz, Aachen (um 1000) ▷

Seite 102 ▷
Romanischer Christkönig: Domsakristei, Münster (um 1200)

Seite 103 ▷
Gotischer Leidenschristus: südniederländische Holzskulptur, Suermondtmueum, Aachen (Ende 15. Jahrhundert)

Der Gekreuzigte – Zeichen und Antwort unserer Zeit

Der Gekreuzigte in Notre Dame de toute Grâce/ Assy

(Bronzeplastik von Germaine Richier, 1951)

Vom Gekreuzigten der gotischen Kunst soll noch der Blick – über viele Jahrhunderte außerordentlich bemerkenswerter und unterschiedlicher Kreuzesdarstellungen der Renaissance-Zeit, des Barock und Rokoko wie des 19. Jahrhunderts – auf jene Versuche des 20. Jahrhunderts gelenkt werden, die das Thema »Kreuz« in unserer Zeit und für Menschen unserer Zeit künstlerisch aufzugreifen versuchen.

Die Kunst des 20. Jahrhunderts scheint durch zwei Impulse geprägt zu sein: Einerseits durch ihre bewußte Distanzierung vom »süßlichen« Jesus-Bild des 19. und beginnenden 20. Jahrhunderts, das sehr häufig zur »Gottesvergiftung« (Tilmann Moser) geführt hat und sicherlich auch am Abfall der Massen vom Glauben mitbeteiligt war; andererseits durch die erschütternden Erfahrungen und Leiden zweier Weltkriege und der politischen Tyrannis, so daß es nicht verwunderlich ist, wenn weltweit die These »Gott ist tot« diskutiert und mit unerbittlicher Härte die Frage: »Glaube an Gott – nach Auschwitz?« gestellt wurde.

Weil auch Künstler von diesen atmosphärischen Strömungen durchlebt sind, tragen ihre religiösen Bilder Wunden und Narben dieser schrecklichen Epoche. Gewiß lenkt die kirchliche Liturgie immer wieder hin zum auferstandenen Christus:

»Deinen Tod, o Herr, verkünden wir und deine Auferstehung preisen wir, bis du kommst in Herrlichkeit«.

Ist aber das Christusbild des »inneren Katechismus« und der alltäglichen Lebenserfahrungen und Anfechtungen wirklich das Bild des am Jüngsten Tag Wiederkehrenden? In ähnlicher Weise wie im Hochmittelalter suchen viele Menschen unserer Zeit, gläubige Christen ebenso wie kirchenferne, zweifelnde und doch suchende Menschen, nach einem menschlichen, menschenfreundlichen, menschennahen Jesus. Sie suchen einen Jesus »zum Anfassen«. Sie lehnen einen »glatten« Christus ab. Sie können mit konventionellen Christusdarstellungen, wie sie ihnen aus der Nazarenerkunst oder aus Bibelillustrationen in Erinnerung geblieben sind, nichts anfangen. Ihr Denken und Beten kommt in der Bitte zum Ausdruck: »Herr, hilf meinem Unglauben!«

Golgota: Gemälde von Gebre Kristos Desta/Äthiopien (1963)

Es kommt zu einer heimlich – unheimlichen Selbstfindung und Ichbestätigung in Christus. Man sehnt sich nach einem »solidarischen« Jesus, der »den Menschen gleich wurde« (Phil 2,7). Die Menschen wollen in ihrer Knechtsgestalt, in ihrer Versuchbarkeit und Armseligkeit sich erkennen und wiederfinden. Sie erhoffen sich, durch dieses Sichwiederfinden in Christus religiös regenerieren zu können. Aus unzähligen Entwürfen und Versuchen seien nur zwei Bilder des Gekreuzigten ausgewählt.

Wie von anderen Christusbildern kann angesichts moderner Kreuzesdarstellungen mit Richard Seewald gefragt werden: »Werden diese Bilder bei den Industriearbeitern, bei den entchristlichten Massen ankommen?« Christusbilder, die uns die religiöse Kunst anbietet, wollen Anregungen sein, die bisweilen zu aufregenden Provokationen werden können. Das Christusbild jedes Menschen zeigt eine unleugbare biographische Einfärbung, aus der Entfaltung und Vertiefung, aber auch die Verfrostung und das Absterben des Glaubens abgelesen werden kann.

Sage mir, wie dein Christusbild aussieht und welche Wandlungen es durchlaufen hat, und ich sage dir, welche Bedeutung Christus, der Gekreuzigte und Auferstandene, in deinem Denken und Leben hat! Angesichts des Kreuzes lernt man, die Richtigkeit jenes Ausspruches nachzubuchstabieren, den der jüdische Religionsphilosoph Martin Buber (1878–1965) hinterlassen hat:

»Erfolg
ist keiner der Namen Gottes«.

»Gott ist größer als unser Herz... Gottes Liebe hat sich darinan uns geoffenbart, daß Gott seinen eingeborenen Sohn in die Welt gesandt hat, damit wir durch ihn das Leben haben« (1 Joh 3,20; 4,9)

Das Geheimnis der Wundmale Christi

Rätsel und Bedeutung der Stigmatisationen

Das Wagnis des Christen besteht darin, Jesus Christus nicht nur zu kennen und auch nicht darin, die Botschaft Jesu nur ernstzunehmen. Es ist jene gnadenhaft-sakramentale Wirklichkeit, als »zweiter Christus« in einer geheimnisvollen Lebens- und Leidensgemeinschaft mit ihm verbunden zu sein. Der Apostel Paulus hat diese Wirklichkeit, die durch noch so scharf geschliffene Methoden irdischer Wissenschaften nicht erfaßt werden kann, mit den Worten auszudrücken versucht: »Christus ist mein Leben« (Phil 1,21).

Dies bedeutet keineswegs, daß der Erlöste nur in seinen Gedanken mit Christus sich verbunden weiß. Paulus hat Geheimnis und (wie man sogleich hinzufügen muß!) Paradoxie der christlichen Existenz mit dem Klartext ausgedeutet: »Nicht mehr ich lebe, Christus lebt in mir« (Gal 2,20; 1 Kor 15,10). Immer wieder finden sich in seinen Briefen die Aussagen vom »Mit«-Leben, vom »Mit«-Leiden, vom »Mit«-Gekreuzigtwerden, vom »Mit«-Auferstehen mit Christus. Damit ist nicht nur geistige Verbundenheit des Christen mit Christus gemeint. Es ist vielmehr das tiefste Geheimnis des Christen damit ausgesprochen, »daß Christus sein Leben ist und er doch Person bleibt, ja daß er... Christus ist und doch nicht aufhört, er selbst zu sein« (Michael Schmaus).

Bei dem Leben mit Christus handelt es sich keineswegs um einen nur gedanklichen Nach-Vollzug, der sich in dankbarer Erinnerung und in psychologischer Ver-Gegenwärtigung wie etwa bei einer Kreuzwegandacht äußert. Leben mit Christus ist existentieller Mit-Vollzug mit Christus, Anteilnahme und Mitwirken-Dürfen mit seinem erlösenden Leiden: »Jetzt freue ich mich der Leiden, die ich für euch erdulde. Für den Leib Christi, die Kirche, erfülle ich in meinem irdischen Leben das Maß seiner Leiden« (Kol 1,24).

Durch die christliche Glaubensgeschichte läßt sich ein großer Kreuzweg mit vielen Märtyrern, mit unzähligen, namenlosen Kreuzträgern verfolgen. Unter den vielen Ereignissen dieses heilsgeschichtlichen Kreuzweges, der erst dann sein Ende findet, wenn der Herr wiederkommt (1 Kor 11,26), lassen jene rätselhaften, religiös-medizinischen Phänomene immer wieder weltweit aufhorchen, die »Stigmatisationen« bezeichnet werden. Das Wort »Stigmatisation« kommt in seiner Grundbedeutung »stigma« aus dem Griechischen und bedeutet »Zeichen«, Wundmal. Zunächst ist dabei zu denken an jene Zeichen und Wundmale, die der auferstandene Christus an seinen Händen und Füßen (Lk 24,38–40; Joh 20,20) und an seiner Seite (Joh 20,20.25.27) getragen hat.

Stigmatisationen sind »Zeichen Jesu« (Gal 6,17; 2 Kor 1,5; Phil 3,10), die meist als fünf Tiefwunden an Händen und Füßen und an der linken Brustseite eines Menschen sichtbar werden. Es ist keineswegs verwunderlich, wenn solche »Zeichen«, die in rätselhafter Weise aseptisch weiterbestehen, ebenso die Bewunderung der Frommen wie die Kritik der Skeptiker auslösen. Auch der gekreuzigte und auferstandene Jesus war für seine Zeitgenossen »empörendes Ärgernis und Torheit« (1 Kor 1,23).

Die Kirche ist in ihrem Urteil über Stigmatisationen außerordentlich zurückhaltend. Sie weiß um die vielen, ungelösten Fragen, die gerade und mit Recht von medizinischer und psychologischer Seite gestellt werden und die (was man durchaus eingestehen soll) nicht in allen Einzelheiten beantwortet werden können. Überall dort tut sich der menschliche Verstand mit den aus Zeit und Raum genommenen Maßstäben schwer, wissenschaftlich exakte Überprüfungen durchzuführen und »sichere« Urteile abzugeben, wo Lebenswirklichkeiten und Grenzphänomene vorliegen, die zwar in dieser Welt stehen, die aber gleichzeitig den Einbruch einer anderen Welt ankündigen.

Der erste, sichere und nachprüfbare Fall einer Stigmatisation in der christlichen Glaubensgeschichte begegnet uns bei Franziskus von Assisi (1182–1226).

Das Christussymbol Franziskus von Assisi

Was zwei Jahre vor seinem Tod Franziskus von Assisi auf dem Monte Alverna (in der Nähe von Arezzo) zwischen dem 15. August und dem 29. September 1224 erlebte und erlitt, hat als wichtigster Zeuge sein Mitbruder Bonaventura (1221–1274) überliefert: »... Zwei Jahre vor seinem Hinscheiden führte ihn (Franziskus) die göttliche Vorsehung nach vielerlei Arbeiten auf einen einsamen, hohen Berg, Alverna. Der Heilige begann sein gewohntes vierzigtägiges Fasten... Da ward seiner Seele die göttliche Eingebung, Christus werde ihm beim Aufschlagen des Evangelienbuches enthüllen, was Gott in und von ihm am liebsten habe. Franziskus betete mit großer Andacht, nahm dann das Evangelienbuch vom Altar und ließ es im Namen der Heiligsten Dreifaltigkeit von einem frommen, heiligen Bruder öffnen. Dreimal öffnete er das Buch, und dreimal stießen sie auf die Leidensgeschichte des Herrn. Da wußte der gotterfüllte Mann genug: Wie er Christus im tätigen Leben nachgeahmt, so sollte er vor seinem Tode auch noch gleichförmig werden in leidender Qual... Er war freudig entschlossen, das Martyrium zu erdulden... Durch die Glut seiner Wünsche zu Gott erhoben und durch die Bewegungen eines zarten und liebreichen Mitleidens in den verwandelt, der durch das Übermaß seiner Liebe für uns gekreuzigt werden wollte, sah er, wie ein Seraphim mit sechs glänzenden und feurigen Flügeln vom Himmel zu ihm herabstieg. Dieser Seraphim kam in sehr schnellem Flug herab in des Heiligen Nähe, und da erschien zwischen seinen Flügeln die Gestalt eines gekreuzigten Mannes mit ausgestreckten Händen und Füßen, die an ein Kreuz geheftet waren... Gott belehrte ihn, daß er sich ihm vor Augen stelle, um ihn erkennen zu lassen, daß er nicht durch das Martyrium des Fleisches, sondern durch die Entflammung der Seele in die vollkommene Ähnlichkeit mit Christus, dem Gekreuzigten, verwandelt werden solle. Die entschwindende Vision ließ in seiner Seele eine seraphische Glut zurück und prägte seinem Körper ein Abbild der Wundmale ein, als wenn sein Fleisch gerade wie weiches und vom Feuer geschmolzenes Wachs die Einprägung von Siegelzeichen erhalten hätte. Denn sofort begannen die Zeichen von Nägeln an seinen Händen und Füßen sichtbar hervorzutreten und zwar ganz so, wie er sie an dem ihm erschienenen

Blick auf Assisi.
Von dieser Stelle segnete Franziskus seine Vaterstadt, als er sich am 1. Oktober 1226 nach Portiunkula tragen ließ.

Höhle auf dem Berg Alverna

Franziskus empfängt die Wundmale des Herrn (am 17. September 1224):
Fresko (um 1320) von Pietro Lorenzetti an der Stirnwand des linken Querschiffs der Unterkirche von San Francesco in Assisi

Franziskus von Assisi (1182–1226): Fresko von Giovanni Cimabue (um 1278) im rechten Querschiff der Unterkirche von San Francesco in Assisi

Bildes des gekreuzigten Gottmenschen gesehen hatte. Seine Hände und Füße waren in der Mitte von Nägeln durchbohrt; die runden und schwarzen Nagelköpfe waren auf dem Rücken der Hände und Füße zu sehen, während die ziemlich langen Spitzen auf der anderen Seite zum Vorschein kamen und umgebogen waren und das übrige Fleisch, aus dem sie heraustraten, überragten. Auch hatte er an seiner rechten Seite eine rote Wunde, als wäre er von einer Lanze durchgebohrt, und oft floß Blut daraus hervor« (Übersetzung von Erhard Schlund OFM).

Die Wundmale des Franziskus von Assisi sind vor und nach seinem Tode von vielen Zeitgenossen gesehen worden, wie als Augenzeuge Thomas von Celano († um 1260) und viele andere bezeugen. Es wird wohl, solange Menschen hier auf Erden leben, ein Geheimnis bleiben, wie sich die Einprägung der Wundmale im Leibe des Franziskus vollzogen hat. Was nach dem Bericht des Bonaventura als von außen erfahrenes »Zu-Kommnis« geschildert wird, ist das leiblich-greifbare Sichtbarwerden einer einzigartigen Liebe und Leidensverbundenheit mit dem gekreuzigten Christus, wie sie im Leben und Wirken und auch im Testament des Franziskus von Assisi aufscheint. Der Impressionismus der inneren Verbundenheit wurde zum Expressionismus der sichtbaren und nachprüfbaren Stigmatisation.

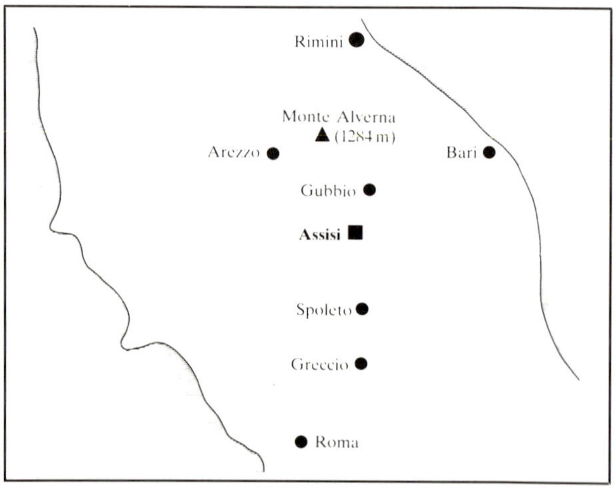

Mit der Einführung eines eigenen Festes am 17. September »Gedächtnis der Stigmatisation des heiligen Franziskus von Assisi« ist die Kirche aus ihrer sonst üblichen, großen Zurückhaltung herausgetreten und hat ihr Ja zum Gnadenereignis auf dem Monte Alverna ausgesprochen. Im Tagegebet dieses Festes heißt es:

»Herr Jesus Christus, da die Welt zu erkalten begann, hast du am Leibe des heiligen Franziskus die Male deines Leidens erneuert, um unsere Herzen mit dem Feuer deiner Liebe zu entflammen. Blicke hin auf seine Begnadung und höre auf sein Gebet! Laß auch uns beharrlich das Kreuz tragen und schenke uns würdige Früchte der Buße«.

Pater Pio, der stigmatisierte Kapuzinerpriester

Aus den bekannt gewordenen Stigmatisationen der christlichen Glaubensgeschichte sei jene noch erwähnt, die in unserem 20. Jahrhundert bekannt geworden ist: Pater Pio, der im Kloster San Giovanni Rotondo (bei Foggia) lebte und wirkte, dort am 23. September 1968 starb und auch seine letzte Ruhestätte gefunden hat.

Pater Pio, der von armen Kleinbauern Orazio († 6. Oktober 1946) und Maria Guiseppa († 3. Januar 1929) Forgione stammte, wurde am 25. Mai 1887 in Pietrelcina in der süditalienischen Provinz Benevento geboren. Sein ursprünglicher Name war Francesco Forgione.

Um sein Leben Christus und seiner Kirche im Geiste des heiligen Franziskus von Assisi zu weihen, trat er mit 15 Jahren als Novize in das Kapuzinerkloster Morcone ein und erhielt den Ordensnamen Frater Pio, seit der Priesterweihe, die er am 10. Mai 1920 in der Kathedrale von Benevento erhielt, wurde er Pater Pio genannt. Bereits vor seiner Priesterweihe wurde er am 20. September 1913 durch die unsichtbaren Wundmale Jesu ausgezeichnet.

Pater Pio – eingehüllt in seine Kapuzinerkapuze

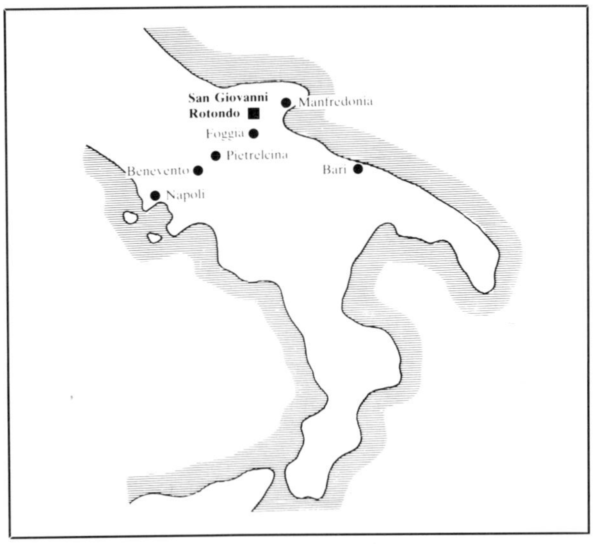

Frater Pio, wie er damals genannt wurde, verspürte seit diesem Tag genau an den Stellen, wo der gekreuzigte und auferstandene Christus seine Wundmale an den Händen, Füßen und an seiner Seite trug, einen heftigen, genau umgrenzten Schmerz. Er spürte, wie es Raoul Villedieu in seinem Buch »Das Geheimnis des Pater Pio« (Aschaffenburg 1973[8], 25) auf Grund authentischer Zeugen berichtet, »schmerzhaft an seinem Körper die Wunden der Passion Christi, an den beiden Händen, an den beiden Füßen und an der linken Seite. Noch ist nichts zu sehen. Die Haut ist unversehrt. Aber an fünf Stellen brennt sein Körper, so als ob man sein Fleisch und seine Muskeln durchbohrt hätte«.

Fünf Jahre später (1918), und zwar wiederum an einem 20. September, wurde Pater Pio durch die sichtbaren Wundmale an seinem Körper ausgezeichnet. Sehr bald schon ist in Veröffentlichungen und Erzählungen dieser Durchbruch der sichtbaren Stigmen dramatisch ausgestaltet worden, indem von begleitenden Ohnmachtsanfällen und Schmerzensschreien gesprochen wurde. Es darf als eine Fügung Gottes angesehen werden, daß jene Stunden mit Pater Pio auch einer seiner Mitbrüder, Pater Archangelo, miterlebte. Auf Grund dieses Augenzeugen müssen romantisch ausschmückende Phantasieberichte zurückgewiesen werden, die der Wahrhaftigkeit des Pater Pio, vor allem aber dem geheimnisvollen Wirken Gottes einen schlechten Dienst erweisen.
Pater Archangelo ist der einzige Augenzeuge jener Stunden und Ereignisse gewesen, in denen sich das Geheimnis der Stigmatisation vollzogen hat. Pater Pio betete gegen 10 Uhr im Chorraum der kleinen Klosterkirche in San Giovanni Rotondo. Auch Pater Archangelo war zur gleichen Zeit im gleichen Chorraum, um vor dem eindrucksvollen Kreuz zu beten. Als beide gemeinsam die Kapelle verließen, entdeckte Pater Archangelo als erster die blutenden Hände seines Mitbruders Pater Pio. Ohne äußerlich feststellbare Dramatik waren die unsichtbaren Wundmale, an denen Pater Pio seit fünf Jahren bereits gelitten hatte, in die Sichtbarkeit, damit auch in die Greifbarkeit und Nachprüfbarkeit der leiblichen Wundmale durchgebrochen. Bereits im Jahre 1919 wurden drei Ärzte zur Konsultation gebeten: im Juni 1919 Dr. Luigi Romanelli, Chefarzt des Krankenhauses in Barletta, im Juli 1919 (im Auftrag des Vatikan) Professor Amico Bigami, Inhaber des Lehrstuhles für medizinische Pathologie an der Universität in Rom, im September 1919 Dr. Giorgio Festa aus Rom. Waren die Wundmale, die sich am Leibe des Pater Pio zeigten, Simulation, Hysterie, Zeichen nervöser Störungen?

Über 30 Jahre ist Pater Pio ein durch den »Finger Gottes« Gezeichneter gewesen, aus

Pater Pio erteilt den Schlußsegen der Eucharistiefeier

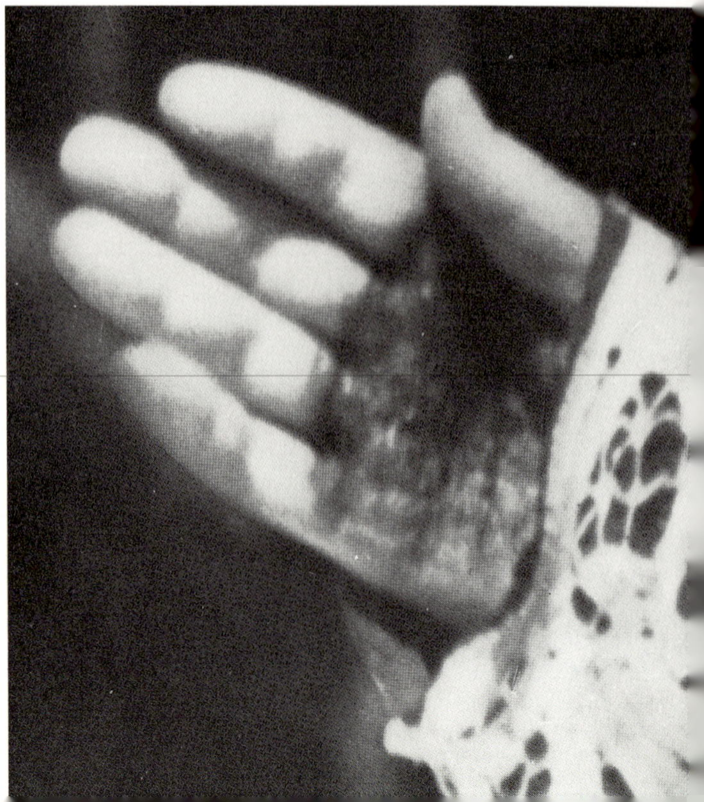

Blutende Hand von Pater Pio

dessen Wunden das Blut geflossen ist. Die kritische Wissenschaft hat gewiß das Recht, wie auch die Verpflichtung, das gläubige Volk vor Scharlatanerie und vor Täuschungen zu schützen. Sie hat aber das gleiche Recht und die gleiche Verpflichtung, mit ihren Forschungsmöglichkeiten ein nicht erklärbares Phänomen einzugestehen.

Immer neue Ströme von Menschen sind zu Pater Pio nach San Giovanni Rotondo gezogen, meist nicht nur einmal – aus Neugier, aus gläubigem Vertrauen, aus Dankbarkeit, weil sie Gnadenstunden der Bekehrung und ergreifende Eucharistiefeiern mit Pater Pio erlebt hatten. Das letzte Wort der Kirche über Pater Pio, über seine Stigmatisation wie über seine Bilokationen und seine Heilungen ist noch nicht gesprochen.

Auch nach seinem Tod am 23. September 1968 lebt Pater Pio in den Gedanken und Bittgebeten vieler Einzelchristen und unzähliger Gebetsgruppen weiter, nicht zuletzt in dem weithin sichtbaren Werk der barmherzigen Liebe, dem großen Krankenhaus Casa Sollievo della Soferenza (Haus zur Linderung der Leiden), das in seinem ersten Bauabschnitt am 5. Mai 1956, dem Festtag des heiligen Papstes Pius, eingeweiht werden konnte. Pater Pio selbst hat an diesem Festtag auf dem weiten Vorplatz der neuerbauten Klinik das große Dankopfer feiern können.

Was bereits während seines Lebens und unvermindert nach seinem Tod immer deutlicher und eindringlicher erfahren wurde, ist die Tatsache:

Pater Pio ist – ein Blutzeichen des stellvertretenden Opferns und Sühnens, – eine Anfrage Christi an den Glauben und an die Opferbereitschaft unserer Zeit, – ein Erinnerungszeichen an die gekreuzigte und kreuzigende Liebe Jesu Christi, – ein Orientierungszeichen um Sinn und Ziel des menschlichen Lebens über die sichtbare Welt hinaus zu erkennen und anzustreben.

Worte von Pater Pio

»Gott heißt nicht nur Liebe. Gott heißt vor allem Brüderlichkeit.«

*

»Das schönste Credo kommt von deinen Lippen, wenn es Nacht um dich ist, bei einem Opfer, im Schmerz, bei der höchsten Anstrengung eines unbeugsamen Willens zum Guten. Dieses Credo ist wie ein Blitz, der die Dunkelheit deiner Seele zerreißt, das in seinem Leuchten dich emporhebt und zu Gott führt.«

*

»Die Liebe ist die Königin der Tugenden. Wie die Perlen durch einen Faden zusammengehalten werden, so werden es die Tugenden durch die Liebe. Und so wie die Perlen herunterfallen, wenn der Faden reißt, so zerstreuen sich die Tugenden, wenn die Liebe fehlt.«

*

»Danke dem Herrn! Ihm und sonst niemand mußt du danken! Gott hat dir diese Gnade gewährt! Richte deinen Dank also an ihn und nicht an mich!«

*

»Die schlimmste Beleidigung, die wir Gott zufügen können, ist, an ihm zu zweifeln.«

*

»Gott glaubt an dich!«

JHS

Therese Neumann, die Stigmatisierte von Konnersreuth

Seit dem Jahr 1926 hat die »Resl von Konnersreuth«, wie sie in durchaus bejahender Liebenswürdigkeit genannt wurde, in Deutschland und weit darüber hinaus viele Menschen, Christen wie Atheisten, in ihren Bann gezogen. Geboren wurde sie am 8. April 1898 in dem oberpfälzer Dorf Konnersreuth (in der Nähe der Wallfahrtskirche Kappel bei Waldsassen) als erstes von elf Kindern der Schneiderseheleute Ferdinand und Anna Neumann. Durch einen Unfall anläßlich eines Brandes am 10. März 1918, den sie als Zwanzigjährige erlitt, wurde sie bettlägerig. Nach einer Lähmung des Rückgrates wurde sie etwa ein Jahr nach dem Brandunglück von völliger Blindheit befallen.

Ausgerechnet am 29. April 1923, dem Tag, da die »kleine« Theresia von Lisieux (1873–1897) in Rom durch Papst Pius XI. seliggesprochen wurde, ist Therese Neumann im fernen Konnersreuth von ihrer Blindheit befreit worden. Und wiederum am Tag der Heiligsprechung der »kleinen« Theresia von Lisieux am 17. Mai 1925 in Rom durch den gleichen Papst Pius XI. wurde Therese Neumann von ihrer Rückgratlähmung plötzlich geheilt.

Erst das folgende Jahr 1926 ist das Jahr ihrer Stigmatisation. Während ihrer ersten Passionsvisionen, die am 4. März 1926 einsetzten, empfing Therese Neumann am 26. März das Stigma der Herzwunde und am 2. April 1926, auf den damals der Karfreitag fiel, auch die Wundmale an den Händen und Füßen. Seit dem 6. April 1926, der Tabor-Vision, bis zu ihrem Tod am 18. September 1962 dauerte ihre Nahrungslosigkeit. Eine umfassende Darstellung ihres Lebens und ihrer Visionen bietet Johannes Steiner, Visionen der Therese Neumann nach Protokollen, akustischen Aufzeichnungen und Augenzeugenberichten. Erster Teil: Lichtvisionen, Leben Jesu und Mariae.

Therese Neumann nach der Stigmatisation 1926

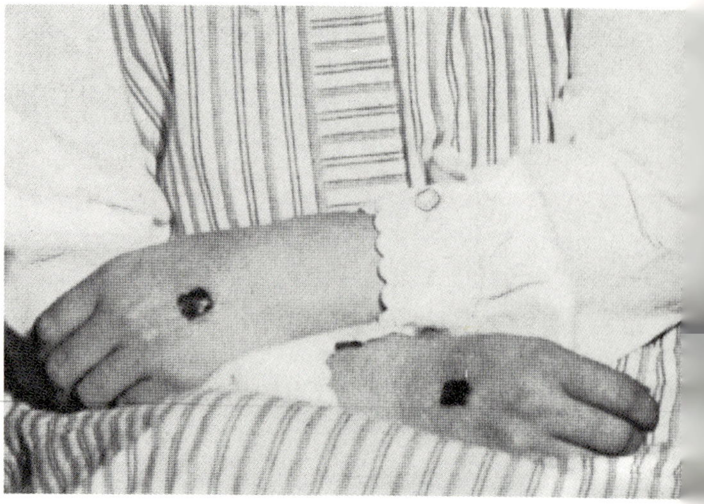

Die Stigmata der Hände

München–Zürich 1978[3]; Zweiter Teil: Visionen aus Heiligenleben, Glorien-Visionen, Gericht, Arme Seelen, Feiern. Anhang: Dokumente. München–Zürich 1979[2].

Wer seit 1926 von Therese Neumann gesprochen und geschrieben hat, wußte sich ebenso schwärmerischen wie skeptischen Hörern bzw. Lesern ausgesetzt. Jahrzehntelang war und blieb die Resl von Konnersreuth »Zeichen des Widerspruchs« (Lk 2,34). Tausende sind in den Kartagen nach Konnersreuth gepilgert. Nach stundenlangem Warten konnten sie in das Neumannhaus eintreten und das Bluten der Wundmale wie die Passionsekstasen der stigmatisierten Therese persönlich erleben. Nach dem Zweiten Weltkrieg waren darunter viele Tausende der amerikanischen Armee, die »in zahlreichen Berichten in der amerikanischen Presse ihre Eindrücke wiedergaben, so daß heute Konnersreuth in den USA bekannter geworden ist denn je, ja daß Therese Neumann geradezu eine neue Mission jenseits des Atlantik zu erfüllen hat« (Johannes Maria Höcht).

Zu den vielen Skeptikern, die – wie sie meinten – den Konnersreuther Schwindel entlarven wollten, gehörte im September 1927 Dr. Fritz Michael Gerlich, der damals Chefredakteur der größten süddeutschen Zeitung, der »Münchner Neuesten Nachrichten«, war. Konnersreuth wurde – wie einst für Paulus – für ihn zum Damaskus seiner Bekehrung und einer engagierten Zielsetzung seines Lebens. Dr. Gerlich begegnete in Konnersreuth den mystischen Chiffren, die ihn im wahrsten Sinne des Wortes »aus dem Sattel seines bisherigen Einwände warfen« und zu einer Neuorientierung seines Glaubens wurden. Ihm wurde klar, daß in Konnersreuth der Besucher vor ein »Zeichen Gottes« gestellt ist und zur Antwort herausgefordert wird. Nicht die Person der Therese Neumann ist das Wesentliche in

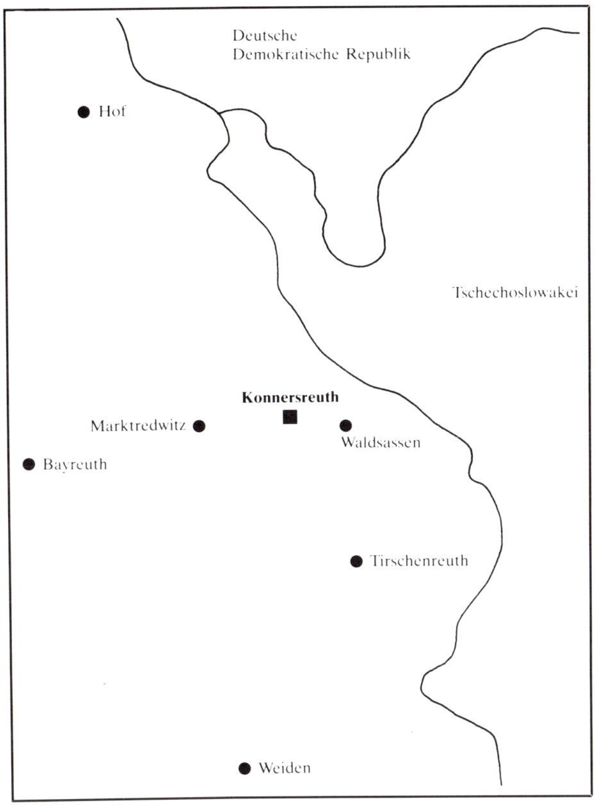

Geographische Skizze zum Leben von Therese Neumann (1898–1962)

Kopftuch vom Karfreitag 1959

Konnersreuth, sondern die durch sie vermittelte Botschaft Christi selbst und die Aufforderung zum sühnenden Mitleiden. Er, der ausgezogen war, den Konnersreuther Schwindel zu entlarven, wurde von Gott selbst überzeugt und konvertierte zur katholischen Kirche.

In einem zweibändigen Werk »Die stigmatisierte Therese Neumann von Konnersreuth (München 1929) stellte er fest, hier liegen geschichtlich nachprüfbare Gegebenheiten vor, die »nicht natürlich erklärbar« sind. Von seinen Erfahrungen in Konnersreuth führte der Weg seiner Christustreue schließlich in das Konzentrationslager Dachau, wo er nach 16 monatiger Gefangenschaft am 30. Juni 1934, dem liturgischen Gedenktag der Enthauptung des Apostels Paulus, in den Todesbunker geführt wurde.

Therese Neumann wurden neben der Stigmatisation immer wieder ekstatische Passionserlebnisse geschenkt, die in akustischen Aufzeichnungen festgehalten und auch veröffentlicht wurden. Erschütternd sind die erhaltenen Farbfotos ihres blutigen Mitleidens bei den Karfreitagsvisionen. Therese Neumann sagte darüber: »Ich sehe nicht Bilder, sondern ich sehe die Dinge. Ich sehe den Heiland und die anderen Personen so genau und mühelos, wie man sonst etwas sieht, was auf der Straße geschieht«.

Es darf als eine glückliche Fügung angesehen werden, daß der langjährige Pfarrer von Konnersreuth, der auch der Beichtvater von Therese Neumann war, Pfarrer Joseph Naber (†23. Februar 1967), ebenso kritisch gegenüber Täuschungen und Halluzinationen wie offen für ein durchaus mögliches Handeln Gottes war. Seine Haltung hat er in folgenden Worten wiedergegeben: »Mein Standpunkt war von Anfang an: Bei diesen außerordentlichen Ereignissen genau darauf obacht geben, ob nicht irgendetwas gegen die kirchliche Lehre oder Sitte Verstoßendes sich zeige. Wenn ja, dann sofort unerbittlich einschreiten; wenn nicht, dann den Dingen einfach ihren Lauf lassen, damit man nicht mit seiner vermeintlichen Klugheit schließlich störend in die Pläne Gottes eingreift«.

Passions-Visionen: Karfreitag 1953

Überschaut man die große und nachprüfbare Geschichte der Stigmatisationen, dann kann ihr Faktum nicht geleugnet werden. Wohl aber können die Auffassungen über Sinn und Bedeutung der Stigmatisationen recht unterschiedlich sein. Muß man Arzt oder gar Psychiater sein um über Stigmatisationen eine exakte Aussage machen zu können? Es kann wissenschaftlich unanfechtbare Feststellungen über das Vorhandensein und auch über die Unerklärbarkeit der Stigmatisationen geben. Man darf aber doch die Frage aufwerfen:

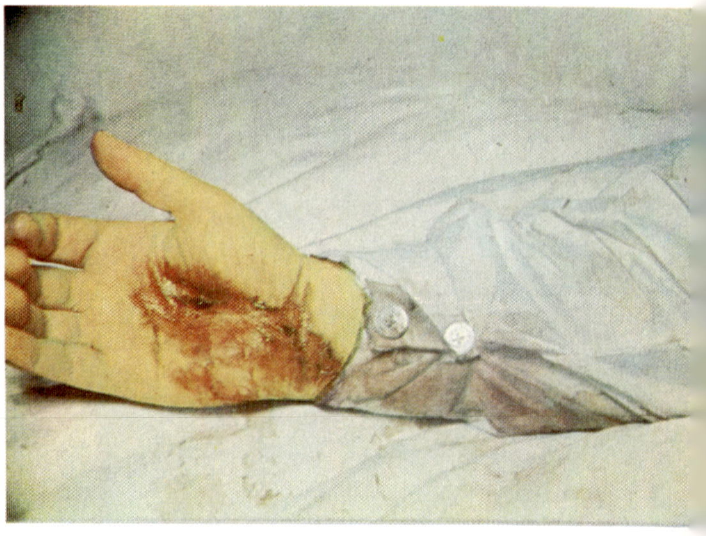

Innenseite der rechten Hand

Werden die geheimnisvollen Zeichen vom gekreuzigten und auferstandenen Christus einem Menschen geschenkt, um nur medizinisch beschrieben – oder besser gesagt –, umschrieben zu werden? Stigmatisationen sind nach der Intention Gottes mehr als bemerkenswerte »Fälle«. Sie wollen Menschen beunruhigen. Sie sind Provokationen Gottes, die über letzte Sinn- und Zielfragen nachdenklich machen wollen.

Stigmatisationen sind mehr als mystische Chiffren, die nicht entziffert werden können. Stigmatisationen sind jene blutenden Erkennungszeichen, an denen jene stellvertretend sühnenden und opfernden Kreuzträger erahnt werden, die Christi erlösende Liebe auserwählt hat. Stigmatisationen sind Heilszeichen, für deren letzte Erkenntnis das Wort des Apostels Paulus hilfreich ist:

»Jetzt schauen wir in einen Spiegel
und sehen nur rätselhafte Umrisse,
dann aber schauen wir von Angesicht zu Angesicht.
Jetzt erkenne ich unvollkommen,
dann aber werde ich ganz erkennen,
so wie auch ich ganz erkannt bin«.

(1 Kor 13,12)

Daß letztlich jeder Christ »ein Gezeichneter« ist, hat der dänische Religionsphilosoph Sören Kierkegaard (1813–1855) in dem nachdenkenswerten Satz ausgesprochen: »Sich mit Gott einzulassen, wirklich religiös zu sein ohne Wundmale: ich verstehe einfach nicht, wie das möglich sein sollte«.

I.N.R.I.
Jhesus autem transiens per medium illorum ibat
Si ergo me queritis sinite hos abire
In nomine Jhesu omne genu flectatur celestium terrestrium et infernorum
ihs

Impulse zur Meditation über das Kreuz

Jedes Datum, das auf ein amtliches Dokument oder auf einen persönlichen Brief geschrieben wird, ist eine Orientierung am Leben und an der Kreuzigung Jesu. Diese Ereignisse sind zur Markierung und Unterscheidung eines vorchristlichen und eines nachchristlichen Zeitraumes geworden.
Das Kreuz ist auch dort Orientierungszeichen gewesen, wo es abgelehnt, bekämpft, vernichtet oder durch andere »Heilszeichen« ersetzt wurde. Das Kreuz hat die Menschen immer wieder angeregt – und aufgeregt. Es hat Einzelmenschen und ganze Völker getröstet, aber auch erzürnt. Unterschiedliche Anfragen an das Kreuz und gegensätzliche Infragestellungen des Kreuzes lassen die Nöte und Probleme erkennen, die in einer Zeit aktuell waren oder Menschen sprachlos werden ließen.
Aus der kaum überschaubaren Fülle solcher Stellungnahmen, Deutungen und Aktualisierungen soll nur eine kleine, keineswegs repräsentative Auswahl zur Lektüre, vielleicht auch als Anregung zum persönlichen Nachdenken und zum meditativen Weiterbuchstabieren vorgelegt werden.

»Wer mein Jünger sein will, der verleugne sich selbst, nehme s e i n Kreuz auf sich und folge mir nach. Denn wer sein Leben retten will, wird es verlieren; wer aber sein Leben um meinetwillen verliert, wird es gewinnen.«
Jesus Christus (Mt 16,24–25)

»Das Wort vom Kreuz ist denen, die verlorengehen, Torheit; uns aber, die gerettet werden, ist es Gottes Kraft... Wir verkündigen Christus als den Gekreuzigten: für Juden ein empörendes Ärgernis, für Heiden eine Torheit, für die Berufenen aber, Juden wie Griechen, Christus, Gottes Kraft und Gottes Weisheit.«
Paulus (1 Kor 1,18. 23–24)

»Ich will mich allein des Kreuzes unseres Herrn Jesus Christus rühmen, durch das mir die Welt gekreuzigt ist und ich der Welt.«
Paulus (Gal 6,14)

»In Christus ist auferstanden die Welt.
In ihm ist auferstanden der Himmel.
In ihm ist auferstanden die Erde.«
Ambrosius von Mailand (339–397)

»Darin liegt nichts Besonderes, zu glauben, daß Jesus gestorben ist; das glauben auch die Heiden, die Juden und Sünder, das glauben alle... Der Glaube der Christen ist – die Auferstehung Christi. Das halten wir für das Entscheidende: daß wir an seine Auferstehung glauben!«
Aurelius Augustinus (354–430)

»Gehe, wohin du willst,
suche, was du willst,
und du wirst keinen höheren Weg oben
und keinen sicheren Weg unten finden
als den Weg des heiligen Kreuzes.«

Thomas von Kempis (1380–1471)

»O sei gegrüßet, du Kreuz Jesu!
Wer dich nicht glaubt, der findet keine Ruh!
Ich bitt dich, steh mir allzeit bei
wider das Blut, Fleisch und teuflisch Streit!
Und hilf mir in der letzten Not,
so mich scheide der bittre Tod.«

Albrecht Dürer (1471–1528)

»Es ist für niemend genug und nütze, Gott in seiner Herrlichkeit und Majestät zu erkennen, wenn er ihn nicht zugleich in der Niedrigkeit und Schmach seines Kreuzes erkennt... also in Christus dem Gekreuzigten ist die wahre Theologie und Gotteserkenntnis.«

Martin Luther (1483–1546)

»Das Wissen von Gott ohne Kenntnis unseres Elends zeugt den Dünkel. Das Wissen ohne Kenntnis von Gott zeugt die Verzweiflung. Das Wissen von Jesus Christus schafft die Mitte, weil wir in ihm sowohl Gott als unser Elend finden.«

Blaise Pascal (1623–1662)

»Es steht das Kreuz mit Rosen dicht umschlungen.
Wer hat dem Kreuze Rosen zugesellt?
Es schwillt der Kranz, um recht von allen Seiten
Das schroffe Kreuz mit Weichheit zu begleiten.«

Wolfgang von Goethe (1749–1832)

»Es wurden an einem Tag, wie uns die Geschichte erzählt, drei Kreuze ausgegraben, davon an einem unser Erlöser verschied, an den zwei anderen die zwei Mörder starben.
An einem dieser Kreuze muß jeder Mensch sterben
– entweder mit Christus in der Gnade
oder wie der reumütige Schächer in der Buße
– oder wie der am linken Kreuz in Sünde und Laster.
O daß jeder Mensch, wenn nicht Christo in der Gnade, so wenigstens dem rechten Schächer in der Buße in den Tod folgte und keiner sterbe, wie der am linken Kreuz starb, voll Sünde und Laster und ohne Reue.«

Johann Michael Sailer (1751–1832)

»Wenn wir Gott einfach als den Allmächtigen bekennen, haben wir nur eine unvollkommene Erkenntnis von ihm. Er ist der Allmächtige, der sich trotz seiner Allmacht mit Schwachheit umgeben und sich zum Gefangenen seiner eigenen Geschöpfe machen kann. Er besitzt, wenn ich mich so ausdrücken darf, die unbegreifliche Macht, sich selbst machtlos zu machen.«

John Henry Newman (1801–1890)

»Täuscht euch nicht! Man wird nicht ungestraft von einem Gott geliebt bis zum Kreuz! Nicht die Gerechtigkeit ist ohne Erbarmen, sondern die Liebe. Wir haben es nur zu klar empfunden, die Liebe ist das Leben oder der Tod, und wenn es sich um die Liebe eines Gottes handelt, ist sie das ewige Leben oder der ewige Tod.«

Dominique Lacordaire (1802–1861)

»Käme Christus jetzt zur Welt, würde er doch vielleicht nicht totgeschlagen, sondern ausgelacht werden. Dies ist das Martyrium in der Zeit des Verstandes, in der Zeit des Gefühls und der Leidenschaft wird man totgeschlagen.«

Sören Kierkegaard (1813–1855)

»Das Kreuz ist mein Buch.
Nur ein Blick auf das Kreuz lehrt mich in jeder Lage, wie ich mich zu verhalten habe.«

Konrad von Parzham (1818–1894)

»... im Grunde gab es nur einen Christen, und der starb am Kreuz.«

Friedrich Nietzsche (1844–1900)

Gehorsam bis zum Tod am Kreuze ▷
Der Holzschnitt (39,2 cm × 28,4 cm) von Albrecht Dürer aus dem Jahr 1511, meist Gnadenstuhl der heiligen Dreifaltigkeit bezeichnet, stellt den »Augenblick« der Hingabe des menschgewordenen Gottessohnes an den Vater dar: »... gehorsam bis zum Tod am Kreuze« (Phil 2, 8; Lk 23, 46; Joh 19,30)

15 11

»Die Botschaft von der Erlösung ist eine Botschaft von der Liebe. Und alle Liebe, selbst die Liebe Gottes, ist eine wundentragende, eine kreuztragende, eine gekreuzigte Liebe.«

Peter Lippert (1879–1936)

»Der gekreuzigte Jesus – die unbedingte Glaubensforderung: So siehst du mich am Kreuz leiden, so siehst du mich in meinen Schmerzen ganz Mensch in der allermenschlichsten Menschlichkeit sein, und jetzt geh hin – und glaube an mich; denn ich bin die Auferstehung und das Leben, wer an mich glaubt, hat das ewige Leben. Wem da nicht der Verstand stillsteht, der hat wahrlich keinen zu verlieren. Aber fängt denn auch der Glaube früher an, als bis man einmal im Leben auf den Punkt kommt, wo einem der Verstand stillsteht?«

Ferdinand Ebner (1882–1931)

»Für jeden kommt einmal die Stunde, da er nichts mehr tun kann, seiner Ehre nicht helfen, seinen Schmerz nicht lindern, seiner Not keinen Ausweg finden kann. Vor allem wird es in der letzten Krankheit so sein, wenn man weiß, es geht dem Ende zu, der Arzt kann nichts mehr ausrichten. Da ist jeder angenagelt und kann sich nicht helfen. Kann nur eines: Herz und Willen sammeln in Gott. Sich fest, ganz fest am Willen des Vaters halten und still ausharren. Und es vollkommen ihm überlassen, ob es zu einem guten oder zu einem bitteren Ende geht.

Herr, wenn eine solche Stunde kommt, dann bist Du bei mir, das weiß ich. Die Kraft Deines Kreuzes ist dann in mir, und macht mich stark.«

Romano Guardini (1885–1968)

»Die Westkirche, die Kirche des Abendlandes, hat eine entschiedene Neigung zur theologia crucis, also zur Hervorhebung und Betonung dessen: Er ist dahingegeben um unserer Übertretungen willen!, während die Ostkirche mehr das: Er ist auferweckt um unserer Rechtfertigung willen! in den Vordergrund rückt und darum zur theologia gloriae neigt. Es ist nicht sinnvoll in dieser Sache, Eines gegen das Andere ausspielen zu wollen. Es gibt kein Ostern ohne Karfreitag, aber ebenso sicher gibt es keinen Karfreitag ohne Ostern!«

Karl Barth (1886–1968)

»Das große Geschichtsereignis ist keineswegs der monotone Aufstieg einer anderen, nichtreligiösen Kultur neben den im Schoß der christlichen Kirche im Verlauf dieser letzten Jahrhunderte entstandenen Kulturen. Das große Ereignis ist und bleibt die Kreuzigung Christi mit ihren geistigen Konsequenzen. Und das ist wohl auch das merkwürdige Ergebnis unserer unermeßlichen, modernen, wissenschaftlichen Entdeckungen, ein Resultat, das mir oft übersehen zu werden scheint: Das größte Geschichtsereignis ist die Kreuzigung Christi.«

Arnold J. Toynbee (1889–1975)

»Durch das Volk seiner Kirche wird der Herr immer neu in seiner Kirche gekreuzigt.

Die Kirche ist nicht nur mit Christus, sondern Christus durch die Kirche gekreuzigt.«

Erich Przywara (1889–1972)

»Es ist das Wesen des Kreuzes, zu erschüttern. Das Kreuz steht nur dort fest, wo es erschüttert hat.

Die Geschichte des Abendlandes ist ein immerwährendes Ringen seiner Völker um das Kreuz, dem sie verdanken, was sie sind, und um den Beruf, das Kreuz in der Welt zu vertreten; sie können es nur, wenn ihnen das Kreuz ganz zu eigen geworden ist, und sie müssen dann ihr Recht auf Dasein und bald darauf dieses selbst verlieren, wenn sie dieses Ringen aufgeben und das Kreuz sie nicht mehr erschüttert.«

Reinhold Schneider (1903–1958)

»Wie wir mit dem Sterben fertig werden, ist uns meist wichtiger, als wie wir den Tod besiegen.

Sokrates überwand das Sterben, Christus aber überwand den Tod. Mit dem Sterben

Kreuztragender Christus (16. Jahrhundert): Chaource bei Troyes (Aube)

fertig werden bedeutet noch nicht mit dem Tod fertig werden. Die Überwindung des Todes aber heißt Auferstehung. Dies lernen wir nur durch Christus.«

Dietrich Bonhoeffer (1906–1945)

»Der Karfreitag ist kein historischer Gedenktag. Er ist ein Verkündigungstermin. Das bedeutet, daß er zwar Geschehenes voraussetzt, dessen man sich zu erinnern hat; aber es geht nicht eigentlich um Vergangenheit, sondern um Zukunft.«

Hans Jürgen Schultz

»Die Aufforderung an Thomas, die geöffnete Seite Jesu zu berühren, dürfte den Ort nennen, aus dem der Kirche das Heil zufließt: Es ist der Leib des Gekreuzigten und Auferstandenen.«

Franz Mußner

»Was am Kreuz geschah, war ein Geschehen zwischen Gott und Gott. Es war eine tiefe Spaltung in Gott selbst, sofern Gott Gott verlassen hat und sich widersprach und zugleich eine Einheit in Gott, sofern Gott mit Gott einig war und sich selbst entsprach... Der Sohn erleidet an seiner Liebe die Verlassenheit vom Vater in seinem Sterben. Der Vater erleidet an seiner Liebe den Schmerz des Todes seines Sohnes... Wenn man das Kreuz Jesu als Gottesgeschehen, d.h. als Geschehen zwischen Jesus und seinem Gott und Vater versteht, so wird man genötigt, trinitarisch vom Sohn und vom Vater und vom Geist zu sprechen... Wer christlich von Gott redet, muß die Geschichte Jesu als Geschichte zwischen dem Sohn und dem Vater erzählen... Was Jesus in der Bergpredigt als Feindesliebe geboten hat, ist im Kreuz durch Jesu Sterben und den Schmerz des Vaters in der Kraft des Geistes für die Gottlosen und Lieblosen geschehen.«

Jürgen Moltmann

»Weil Jesus Christus die Nachtseite des Daseins, dessen finstersten Todesschatten als sinnvollen und notwendigen Ort der Rettung nicht nur erduldet, sondern freiwillig aufgesucht hat, muß sein Nachfolger ihn bereitwillig begleiten, wenn er dazu gerufen wird. Die Nähe im Todesschatten ist Bewährung und Vertiefung der Freundschaft mit dem Retter und mit den zu Rettenden.«

Albert Görres

»Die Botschaft Jesu wendet sich immer auch gegen uns, die wir hoffnungsvoll auf sein Kreuz blicken. Sie läßt es nicht zu, daß wir über seiner Leidensgeschichte die anonyme Leidensgeschichte der Welt vergessen; sie läßt es nicht zu, daß wir über seinem Kreuz die vielen Kreuze in der Welt übersehen, neben seiner Passion die vielen Qualen verschweigen, die ungezählten namenlosen Untergänge, das sprachlos erstickte Leiden, die Verfolgungen zahlloser Menschen, die wegen ihres Glaubens, ihrer Rasse oder ihrer politischen Einstellung in unserem Jahrhundert zu Tote gequält werden.«

Beschlußtext »Unsere Hoffnung«
(Würzburger Synode 1975)

Sandsteinkreuz (1467) von Nikolaus Gerhaert van Leyden (bis 1967 auf dem Alten Friedhof, jetzt in der Pfarrkirche St. Peter und Paul, Baden-Baden)